あなたの年金にあわせた

高齢者住宅の選び方・探し方

グループわいふ［編］

コモンズ

あなたの年金にあわせた
高齢者住宅の選び方・探し方

●●●●●●

もくじ

序章 あなたにふさわしい高齢者住宅を探そう——9

第1章
少ない年金でものんびり暮らせる老後の住まい——25

第3章 高いけれどもサービス抜群 介護付有料老人ホームとハイクラス高齢者住宅——111

序章

あなたにふさわしい 高齢者住宅を探そう

1）高齢者住宅の効用

最近、高齢者の都心のマンションへの移転という現象があるそうです。

持ち家比率が最も高いのは、70歳から74歳の層だということですが、この年代の多くが郊外に一戸建てを買っています。ところが年をとるにつれて、ちょっと足をのばして買い物に出るのがおっくうになり、庭の草取りは辛いし、家の掃除も行き届かなくなる。料理するのがいやになったが近くにコンビニもない。というわけで土地と家を売って、都心の便利なところにマンションを買って移る人が増えたのだそうです。マンションの売れ行きはこうした高齢者の需要に相当支えられていると言われています。

マスコミその他の調査では、「老後を住み慣れたわが家で過ごしたい」と答える高齢者が多数派なのですが、じっさいにはなかなか難しいことなのです。

がんばって住み慣れた家にいる人も、75歳以上の後期高齢、ことに80歳を過ぎてくると、リフォーム詐欺に引っかかったり、火事を出したり、怪我をしたり、最悪は金目あての犯罪に巻き込まれて殺されたり、だんだん物騒なことが増えてきます。

ある都心の「介護専用型有料老人ホーム」（これについては6章で後述します）を見学しましたが、入居者の平均年齢は85歳、最高齢は97歳ということでした。施設長は30代の若い好男子です。彼が言うには「お一人として、ご自分の希望で入られた方はいません。みなさんご家族に連れてこられたのです」。

このホームは高級住宅地の中心部に位置していて、入居者はたいていが半径5、6キロ以内に住んでいた人だそうです。子どもは別居し、配偶者は亡くなり、一人暮らしになって80歳を過ぎたころ、子どもが心配でたまらなくなり、ここへ引っ張ってくるわけです。なにより火事が怖い。本人は平気でガスを使っているが、お鍋はどれもまっ黒焦げ。はらはらしているうちに転んで怪我をする、ポットをひっくり返して火傷をして入院する。改装をして安全な器具など付けようとしても、電子レンジさえ使えない人に使いこなせそうもない。いろいろ問題が起こった末、「とてもこのままでは置けない」となって、いやがるのをホームへ連れてくるわけです。

しかし、食堂へ集まったところを見ると、どなたも楽しそうな顔つきでいやがっている風ではありません。男性はたった一人、あとはみな女性でしたが、おどろいたのは私といっしょに入ってきた施設長に、そこらじゅうから手がさしのべられることで……。おばあさんがたは好男子と握手したい、さわりたいのでした。若い職員にサービスされて、ていねいに扱ってもらえるのですから、子どもにうるさく言われているよりよほどいい、とここの暮らしに慣れていくのでしょう。

こういうケースはめでたし、めでたしですが、「老後は住み慣れたわが家で」暮らそうと、あまりがんばるのは残念ながら危険が伴うようです。高齢者といっても60代から70代前半はたいてい元気なので、自宅にいて問題ありませんが、80歳を越すと危なくなります。個人差はあっても80代に入れば、いつかはなにか引き起こすおそれがあるのです。つまり高齢後期は、行動力も判断力も前期と同じではないということです。

さて、老人ホームを含む高齢者住宅が必要になるのはこのときで、マンションを買って移っても80歳超えれば決して安全ではありません、あらかじめ備えのある住まいに入ったほうが安心というもの。しかし高齢者住宅とはどんなものなのか、自分にふさわしいのはどのタイプか、どこにあるのか、どうやったら探せるのか、ほとんどの人は分からないのです。

2）高齢者住宅の種類と区別は分かりにくい

たいていの人は、いざ高齢者住宅なり、老人ホームなりを探そうと思うと、まず「リスト」を手に入れたがります。わが社の相談窓口にも、よく「リストが欲しいんですが」と電話が掛かってきます。

「なんのリストでしょうか」「老人ホームの。おたく、老人ホーム情報センターでしょう」「でも老人ホームにはいろいろな種類がありまして……お入りになりたいのはどんな方でしょう？　健康な方ですか、介護の必要な方ですか」

「じつは私の母親で、一人暮らしなんですが、86になります。かなり物忘れがひどいんで、どこかいざというときのために、探しておきたいと思うんです。いますぐ、というわけじゃない、本人も住み慣れた家を離れたがらないんで……」

相当危機的な状況だと思いますが、家族はたいてい甘く見ています。「いざ」というときはまだ来ていないと考えているのですが、ではいつが「いざ」なのでしょうか？　火事を出したときでしょうか。大けがをしたときでしょうか。帰り道が分からなくなって、行方不明になったときでしょうか。

もしこのお母様が認知症ならば、入るホームはそれに対応できるところでなければなりません。相談者に必要なのは、リストではなく、まず専門医に見せて診断を受けることです。それからお金がいくら出せるか、場所はどこがよいのか、と条件を詰めて、ようやくいくつかの候補が上がってきます。ただ施設名や所在地、電話番号の書いてあるリストを見ても、とても選べるものではありません。しかしこの方は条件を聞いても答えず、「まだ具体的ではないので、リストを見てから」の一点張りでした。

こんな相談もありました。女性です。

「一人暮らしだけど私はもう88なんでね、フルサービスのホームに入りたいの。洗濯も掃除もしてくれて、ご飯も作ってくれるところ」

「ああ、それでしたら介護専用型のホームがよろしいかと思いますが」

「いやだわ、私はまだ元気なんで、介護なんか必要ないのよ」

しかし88歳では、今元気でも近く要介護になる可能性が高い。いや本人は自覚していなくとも、すでに要介護かもしれない。高い入居金を出して自立型の有料老人ホームに入るより、初めからフルサービスで、入居金の安い介護専用型に入ったほうがいいのではないか。そう思って説明をはじめると、「もういいわ、今すぐというわけじゃないんだから」と、電話を切られてしまいました。

「今すぐというわけじゃない」。86歳で認知症の疑いがあるとか、88歳で一人暮らしだとか、今すぐ入ったほうがいいケースなのに、そういうことを言って一日延ばしにしたがる人がどんなに多いことか。

老人ホームを含む高齢者住宅は、リストを見ればすぐ選べて探せるというほど簡単なものではありません。介護専用型と、自立型の区別もほとんどの人が分かっていないし、有料老人ホームと福祉のホームがどう違うのか、「介護付有料老人ホーム」の意味、「特定施設入居者生活介護」とは何か、とにかく「何がなんだか分からない」のです。

3）老人ホームか高齢者住宅か

たいていの場合、老人ホームというとイメージされるのは、ベッドがずらりと並んだ部屋、車椅子に乗ったり、寝たきりになったりしている老人の姿です。

「ああ、老人ホームというのはあんなになった人が入るところなんだ。あんなにはなりたくない」そこで「老人ホーム」が嫌われ、「最期まで自宅で」ということになるのでしょう。

このイメージがどこからきたかというと、「特別養護老人ホーム」という福祉の介護施設からだろうと思います。ここは介護保険の要介護3以上の人が入るところで（介護保険以前はもう少し軽度の人も入れた）、個室はごく少なく（個室化は始まってはいるが）、生活の場というより病院に近い介護の場なのです。

しかし、テレビや雑誌、新聞などで「老人ホーム」として紹介されるのはたいていこれなので、「あれが老人ホーム」とみなさん思いこんでしまうのです。

もう一つのイメージは何千万円もする高級老人ホームで、大金持ちが入り豪華な生活をするところ、というもの。まずふつうの人間には縁がないと思われています。それは有料老人ホームのうちの一つのタイプですが、有料といえどもそんなものばかりではありません。

さらに「高齢者住宅」というと、「マンションで、いざというとき助けてくれるシステムがあるところ」「老人ホームと違い、出入りが自由で束縛がなく管理されない住まい」などというイメージを持つ人が多いようです。だから「老人ホームはいやだが、高齢者住宅なら入ってもいい」ということになってくるわけです。

でも老人ホームで「出入りが不自由、束縛され管理される」ところというのは、前記の特別養護老人ホームのような介護施設か、認知症対応のホームだけです。「自由に出入りしたい」と思うような健康な高齢者が暮らすホームは、どこもマンション同様自由な生活です。

では高齢者住宅と老人ホームの違いは何なのでしょうか？

「有料老人ホーム」は、設置に当たり所在地の都道府県知事に届け出をし、「設置運営指導指針」という指導を守ることが義務づけられています。さらに「介護付有料老人ホーム」と表示をして開設するためには、「特定施設入居者生活介護」事業者（介護保険を使って介護ができる事業者。本書中では「特定施設」と略称することがあります）の指定を受けなければなりません。人員や設備が条件を満たしていないと、この指定は受けられないわけです。このように、有料老人ホームは国や自治体の監督下にあるものですが、現在ほとんどのホームが条件を満たし、「介護付」の表示をしています。

ところが高齢者住宅となると、なんの規定もありません。建築基準法を守って建てられていればよいだけです。ではみんないい加減なところかというと、そんなことはなく、内容としては有料老人ホームと変わらない場合が多いのです。これを選ぶ場合には、「どれだけ有料老人ホームに近い機能を備えているか」をチェック基準とすべきでしょう。

こういうことですから、老人ホームを嫌って高齢者住宅を選ぶ意味はまったくなく、どちらも入居者の生活と介護に十分な条件を備えていればいいのです。

さらに福祉のホームがあります。例の特別養護老人ホームはこれですが、そのほかに「軽費老人ホーム」「ケアハウス」というのがあり、こちらは介護施設ではなく生活自立のできる高齢者のためのもので、有料老人ホームや高齢者住宅にかなり近い機能を持っています。株式会社など私設の有料老人ホームと違い、公費の補助金を得て建てられているので、入居金その他掛かる費用は低廉です。軽費老人ホームはA型が主流ですが、入居金なしで入れます。ケアハウスのほうは新しい施設で、たいてい入居金がありますが、有料老人ホームよりはずっと安い。軽費A型は収入制限があり、ケアハウスのほうはありません。立地や環境、手持ち資金などの条件が合えば、軽費A型やケアハウスを選んでもべつに問題はなく、いわゆる豪華高級ホームとは比べられないけれども、ふつうの生活は十分できる住まいです。

こうした幾種類ものホームや住宅の区別は、一般にはあんがい飲み込みにくいようで、いろいろ説明しても理解してもらえないのがふつうなのです。24ページに簡単な一覧表を載せましたので、参考になさってください。

それでは、それぞれの懐具合・希望に応じて、どんな老後の住まいを選べばいいのか、具体的にお話ししましょう。

4）年金の額と手持ち資金にあわせて考えよう

①年金が月額10万円から20万円前後で資金は1千万円以下の場合

夫婦世帯で20万円前後、独身女性で10万円余りが平均の年金額だと言われます。貯蓄は1千万から2千万と言われているので、このクラスが老後を託せる住宅を考えるとすれば、本書第1章の軽費老人ホーム、ケアハウスがまずお薦めです。ことに子どもがいないか、いても遠方に住んでいて、いざというときあまり頼みにならない方はこれに限ります。

子どもがいて、介護保険の申請やその他手続き上の世話くらいしてくれるし、入院の際も洗濯や買い物などやってくれそうだ、という見通しがあるならば、第2章の公営住宅・高齢者向け仕様もよろしいでしょう。

そのほか、貯蓄や資産の額が多少多ければ、この年金額でも有料老人ホームその他、可能なものもありますが、長い老後の経済的安全性を考えると、お薦めできるというほどではありません。

●こんなに安く暮らせる住まい　軽費老人ホームA型・ケアハウス

先にも述べましたが、老人ホームにもいろいろな種類があり、介護が必要な状態でどうにもならなくなってから入るのは、公設の「特別養護老人ホーム」、私設の「有料老人ホーム介護専用型」などですが、しかし老人ホームにはもう一つの公設タイプがあります。

それは安全な老後の住宅として作られている福祉施設です。入るには生活を自立してやっていけることが条件になります。老人は治療中の病気の一つや二つ、持っている場合が多いのですが、それはかまいません。自分で身の回りのことができ、お風呂にも入れ、もちろんトイレの介助も必要ない、つまり一人暮らしができる人ならば入れます。

「それなら入ることないだろう」と思われるかも知れませんが、年を取るにしたがい掃除も炊事、洗濯もおっくうになります。世に「ゴミ屋敷」といわれる家がありますが、そこまではいかなくても家中散らかって片づけられなくなったり、いい加減な食事をしていて体をこわしたりする老人はずいぶんいるのです。こうしたホームに入れば、栄養士が献立を作った食事が出てきますし、食堂、風呂場などの共同部分は職員が掃除します。自分でやる家事の量がぐっと減るので、かなり体力が衰えても自立してやっていけます。ことに後期高齢者、75歳以上の方は暮らしが危なくならないうちに、入っておくのが賢明だと思います。

もう一つの利点は月々の生活費が少なくて済むことです。年間所得（収入ではありません、社会保険料、医療費などが控除されます）の額に応じて事務費という月々の納付額が決められるので、低所得ならばずいぶん助かります。あまり高所得の方はかえって損になるかも知れませんので、（むしろ有料老人ホームのほうが安い場合もある）よく計算することです。食費と共同部分の光熱水料は月額一律5万円前後ですから、事務費と合わせて15万円を超えるなら、入居金の資金さえあれば有料老人ホームを考えたほうがいいかもしれません。

しかし、かなり高所得の人でも、夫婦で入れば得になるのがこの事務費なのです。夫と妻の所得を合算して2で割り、それぞれを一人分として計算してくれるので、夫に３００万円の所得があっても、妻が１００万円の所得なら、一人２００万円ずつになり事務費はぐっと安くなります（その利用料の表をもらって、ご自分の所得を当てはめて計算してみてください）。もちろん妻の所得が夫と同様高ければ、この計算でも旨みはありませんが、そういうご夫婦は有料老人ホームを検討したほうがよろしいでしょう。

●軽費老人ホームとケアハウスの違いは？

福祉施設としては同じものとして分類されています。詳しくは、第1章をご覧ください。

②年金が月額30万円前後で資金は1千万円以上

このクラスでは、持ち家があって処分ができる場合とできない場合（子どもに譲りたいなどの理由で）で選択肢が違ってきます。持ち家を処分して、3千万円から5、6千万円以上もの資金が用意できるならば、だいたいその3分の1から半分を投じて、有料老人ホームにお入りになれます（全額を投ずるのは危険です）。配偶者に死なれて、一人になったから入りたい、という方は多いでしょう。この場合、男性なら年金のほとんどが使えますから余裕がありますが、残ったのが妻の場合年金は減りますので、それも考えておかなければなりません。有料老人ホームの選び方については本書第3章で詳しく説明しました。

しかし、安全を重んじてつましく内輪に暮らしたいという方ならば、このクラスでもケアハウスの上等なところ、公営住宅のごく便利なところをお選びになるのも、結構なことだと思います。老後外国旅行でも大いに楽しみたいという方も、つましい路線を選んで使えるお金を残しておいたほうがよろしいでしょう。

第5章のグループリビングでも1千万円以下の入居金のところがあります。

③収入が高額な場合

年金が公的年金だけなら、年収300万から400万クラスの人が多いと思いますが、企業年金をたくさんもらっていて、年収800万円を超える場合もあるそうです。それから妻も公務員などで男女平等の賃金を得ていたとなると、年金が二つ来ることになりますし、貸家を持っていて家賃収入があるとか、いろいろな理由で高収入の高齢者があります。

お金に不自由がないから、人手を頼めばいいと思いがちですが、老年後期（80歳から85歳以上）になると25%に痴呆症状があるというくらい、どうしても知力が落ちてきます。人を使ってきちんと管理をするのは相当難しいですから、まわりをはらはらさせることも出てくるし、だまされたり、お金目当ての犯罪に巻き込まれたり、という危険もあります。できれば管理体制のしっかりした有料老人ホームなどにお入りになったほうが安全です。

公的機関が設置する高齢者住宅も、有料老人ホームの一種で、条件のよいものがあります。また第4章の一戸建ての高齢者集落や、第5章の仲間で建てて仲間で住むグループリビングのなかに、高級なものもあります。あまり高齢でなければ、自分でグループリビングの建設を企画することもできるでしょう。

④介護が必要になってから入りたい人はどうする？

じつはこういう考え方の人がいちばん多いように思います。いざ困ってから、住み慣れた家にいられないことを実感するわけで、なかにはそうなっても家にしがみつき、子どもたちをはらはらさせる人もあるくらいです。「住み慣れた家で最期まで」過ごすのが幸福だとマスコミが無責任に宣伝するし、年を取れば取るほど新しい変化に耐えられなくなるので、動けなくなってきます。しかしほとんど毎日のように、高齢者の家が火事になって本人が焼死したというニュースがありますし、事故はずいぶん起こっているはずです。

すでに病気をして、退院したものの自立生活は難しいという方、そうでなくても80歳以上の高齢者であれば、フルサービスの介護専用型有料老人ホームがお薦めです。健康状態によっては老人病院しか入れるところがない場合もあり、痴呆症状があればグループホームを考える必要もあるでしょう。（これは本書では扱っていません。数が多く、別に調査の必要があるため）

5）本書の目的

本書はこうした多種類の、老人ホームを含む高齢者のための住まいをできるだけ分かりやすく解説し、それらの選び方、探し方を具体的に示したいという意図で書かれています。

またそれぞれの現場ルポを載せ、読者がそこを具体的にイメージできるようにしてあります。ルポにはその施設のデータをつけて、交通や設立年、必要な費用、居室の広さなどが分かるようにしました。

リストは載せてありませんが、リストの手に入れ方は説明してあります。リストやデータを集めたガイドブックはこれまでにもかなり出ており、近ごろではインターネットを利用して各施設のホームページを見るのが便利です。

これからは子どもの世話にはなりたくないし、なれもしない、と思う高齢者が増えてくることでしょう。最期まで自立して、という志はけっこうですが、危険な一人暮らしを自宅で続けるだけ、というのでは結局周りが大迷惑をこうむるのが落ちです。お墓を用意してあるから安心だ、と言っている人がいましたが、お墓に自分で歩いて入れる人はいません。人間必ず人の世話（子どもを含めて）になるものです。それを最小限に止めるとしたら、どういう選択をしたらよいか。本書はこの問いに対する一つの答えなのです。

■高齢者向けの住宅の種類と費用

福祉の施設にしろ有料老人ホームにしろ、老後の住まいを選ぶときは、入居する人の状態によって「自立型」か「介護型」かを決めます。費用の心配はその後に来る問題なのです。この表はそんなときにきっとお役に立つと思います。

		名前（本書の該当箇所）	入居時の一時金	毎月の費用
自立型	福祉	軽費A型（第1章）	0円	6.3万～15万円
		ケアハウス（第1章）	0～500万円	7.8万～15万円
		公的住宅（第2章）	敷金0～3か月分	家賃1万～5万円 *市場家賃のものもあり *生活費は自費
	私設	自立型有料老人ホーム 自立型高齢者住宅 （第3章）	1人入居：1千万～3千万円 *75歳以上の割引がある場合も	11万～15万円
		グループリビング（第5章）	1人入居：350万～500万	15万～18万
介護型	福祉	特別養護老人ホーム	なし	10万円前後。低収入の人には別の配慮あり
		グループホーム	なし	15万円前後
	私設	介護型有料老人ホーム（第6章）	1人入居：50万～2千万円	15万～25万円

＊ここに掲げた費用の額は、標準的なものです。
＊特別養護老人ホームとグループホームは、本書では紹介していません。

第1章

少ない年金でも のんびり暮らせる 老後の住まい

思いがけない穴場、手軽な費用でのんびり暮らせます

◎軽費老人ホームA型

有利な条件がいろいろ

福祉施設ですが自由契約ですので、どこへでも申し込んで空きがあれば入ることができます。居室はすべて個室、夫婦のための二人室もあります。

いちばん古いものは、昭和30年代に設立されたようです。もちろんその後改築や新築がなされていますが、現在全国で241施設（定員1万4293人）があるのみで、すでに新設は行われていません。なぜかというと、軽費老人ホームの新しいタイプとしてケアハウスが登場したからで、平成元年以来、新たな建設はだいたいこれ一本槍になりました。

軽費B型というのもあるのですが、たいへん数が少なく、現在は建てられていませんし、A型が

食事を提供するのと違い、自炊を前提としたいわばアパートのようなものなので、ここでは取り上げません。

軽費A型がケアハウスに変わった理由は、家賃がゼロなので公費の負担が大きい、職員配置基準もケアハウスより多い（次頁の表1参照。ケアハウスの職員配置基準は59ページ参照）、建物が古くなったということなどでしょう。

ということは、利用するほうからすれば軽費A型は有利といえるわけです。ケアハウスの多くには入居一時金（前納家賃のこと）がありますが、軽費A型にはありません。職員の数も多いし、食事も施設内で手作りされているなど（ケアハウスは外食業者に外注するところがある）、古いだけに家庭的な雰囲気があります。月額利用料もほとんどケアハウスと同水準です。

しかし後述するケアハウスのほうが規定上居室が広く、建物も新しいので設備も整っていますから、どちらを選ぶかは、いろいろな条件をすりあわせて、考えてみればよろしいでしょう。

上手な選び方

◆まず住みたい場所を選ぶ

軽費A型は全国にあり、どこへでも希望すれば入れる（空きがあればですが）ことになっています。何カ所も申し込んで空いてるところを見に行き、気に入った一つに決め、あとは断ってもかま

■表1　軽費老人ホームA型職員配置基準

（平成12年4月以降適用）
単位:人

職種 定員階級区分	総数	施設長	事務員	主任生活相談員	生活相談員	主任介護職員	介護職員	看護職員	栄養士	調理員等	医師
50	14	1	2(1)	-	1	1	3	1	1	4(1)	(1)
51~60	14	1	2(1)	1	-	1	3	1	1	4(1)	(1)
61~70	14	1	2(1)	1	-	1	3	1	1	4(1)	(1)
71~80	14	1	2(1)	1	-	1	3	1	1	4(1)	(1)
81~90	15	1	2(1)	1	-	1	4	1	1	4(1)	(1)
91~100	15	1	2(1)	1	-	1	4	1	1	4(1)	(1)
101~110	16	1	2(1)	1	-	1	5	1	1	4(1)	(1)
111~120	16	1	2	1	-	1	5	1	1	4	(1)
121~130	17	1	2	1	-	1	6	1	1	4	(1)
131~140	18	1	2	1	-	1	6	2	1	4	(1)
141~150	20	1	2	1	-	1	7	2	1	5	(1)
151~160	20	1	2	1	-	1	7	2	1	5	(1)
161~170	21	1	2	1	-	1	8	2	1	5	(1)
171~180	22	1	2	1	1	1	8	2	1	5	(1)
181~190	23	1	2	1	1	1	9	2	1	5	(1)
191~200	23	1	2	1	1	1	9	2	1	5	(1)
201以上	25	1	2	1	1	1	10	2	1	6(1)	(1)

〔注〕1 （　）書きは非常勤職員である。
　　2 「事務員」、「調理員等」の（　）書きは再掲である。

わないのです。自由契約なので、直接申し込めます。

それが原則ですが、実際にはその施設と同じ都道府県に住んでいる人が優先されているようです。ことに設置したのが自治体だと、やはりそこの住民で、住民税を納めていた人に限られます。軽費A型は、自治体と社会福祉法人しか設置が許されませんので、どちらかが建てていることになりますが、社会福祉法人のほうは、そこに在住の人しかだめということではないようです。

しかし、やはり自分の今住んでいる都道府県から当たり始めたほうが現実的でしょう。後述するケアハウスは数が多いので、選択の幅は広くなります。

◆どんな住まいだろうか

軽費A型の居室は収納設備などを除いて、一人あたり6・6㎡以上と規定されています。じっさいには6畳から7畳、せまいところで4・5畳で、押入、トイレ、洗面所に玄関、ベランダが別に付いているのがふつうです。小さな台所の設備を持つところもあります。ナースコールも付いていています。二人室はこの2倍の広さになります。

部屋はせまいですが共同スペースの設備がいろいろあります。食堂、浴室、洗濯室はすべての施設にあり、ほかに集会室、医務室、運動場、農園、売店などがあったりします。洗濯室には洗濯機、乾燥機が必ず設置されており、浴室は施設の規模により大小がありますが、小型の銭湯のようなものです。

らないのです。

◆費用はいくら掛かるのか

入居に際してまとまったお金を納める必要はありません。つまり入居金は０円、敷金も礼金もいらないのです。

月々の納入金は生活費（飲食物費、共同部分の光熱水料等）と事務費（施設の人件費、管理費）の二つです。生活費は地域によって規定され、大都市の場合５万２８９０円です。事務費は入居者の所得額（収入から税金など控除した額）によって決まります。ただ施設の地域、定員によって上限度額が決められており、大都市で定員50人だと11万７０００円が最高限度額で、３４０万円以上の年所得額の人はこれだけ納めなければなりませんが、80人定員では限度額が７万４０００円になり、所得が多くても安くなります。１００人定員なら６万４０００円で済みます。また地方へ行くと限度額は少なくなるのです（表２参照）。

所得の低い人の場合、年１５０万円以下なら、納める事務費は１万円です。ただし、施設としては入居者の所得の多少に関わらず、一律に最高限度額が公費からもらえます。つまり所得の低い人には公費の補助金が出ているわけです（表３参照）。

年金の少ない人にはたいへんありがたい話ですが、それだけに所得制限があります。年間所得がだいたい４００万円（月収34万円超）を超えると入居できないことになっています。でも年金生活者なら、ほとんどがこの枠内に納まるでしょう。

■表2　軽費老人ホームA型の事務費限度額

取扱定員	平成16年4月以降適用							
	特別区	特甲地	支給割合改定地域	甲地	支給区分改定地域	乙地	指定解除地域	丙地
人	円	円	円	円	円	円	円	円
50	118,600	117,000	116,100	113,600	112,800	111,100	110,200	108,500
51〜60	100,000	98,600	97,900	95,700	95,000	93,600	92,900	91,500
61〜70	85,900	84,700	84,100	82,200	81,600	80,400	79,800	78,600
71〜80	75,300	74,300	73,700	72,100	71,600	70,500	70,000	68,900
81〜90	72,400	71,400	70,900	69,300	68,800	67,800	67,300	66,200
91〜100	65,300	64,400	63,900	62,500	62,100	61,100	60,700	59,800
101〜110	64,300	63,400	63,000	61,600	61,100	60,200	59,700	58,800
111〜120	63,000	62,100	61,600	60,200	59,700	58,800	58,300	57,400
121〜130	61,900	61,000	60,500	59,100	58,700	57,800	57,300	56,400
131〜140	60,900	60,000	59,500	58,100	57,700	56,800	56,300	55,400
141〜150	62,400	61,500	61,000	59,600	59,100	58,200	57,700	56,800
151〜160	59,100	58,200	57,800	56,400	56,000	55,100	54,600	53,800
161〜170	58,600	57,700	57,200	55,900	55,500	54,600	54,100	53,300
171〜180	58,000	57,100	56,700	55,300	54,900	54,000	53,600	52,700
181〜190	57,500	56,700	56,200	54,900	54,500	53,600	53,200	52,300
191〜200	54,800	54,000	53,500	52,300	51,900	51,100	50,600	49,800
201以上	55,100	54,300	53,900	52,600	52,200	51,400	51,000	50,200

■表3　軽費老人ホームA型の事務費徴収額

（平成3年7月1日以降の入所者から適用）
単位:円

対象収入による階層区分		本人からの事務費徴収額（月額）
1	1,500,000以下	10,000
2	1,500,001～1,600,000	13,000
3	1,600,001～1,700,000	16,000
4	1,700,001～1,800,000	19,000
5	1,800,001～1,900,000	22,000
6	1,900,001～2,000,000	25,000
7	2,000,001～2,100,000	30,000
8	2,100,001～2,200,000	35,000
9	2,200,001～2,300,000	40,000
10	2,300,001～2,400,000	45,000
11	2,400,001～2,500,000	50,000
12	2,500,001～2,600,000	57,000
13	2,600,001～2,700,000	64,000
14	2,700,001～2,800,000	71,000
15	2,800,001～2,900,000	78,000
16	2,900,001～3,000,000	85,000
17	3,000,001～3,100,000	93,000
18	3,100,001～3,200,000	101,000
19	3,200,001～3,300,000	109,000
20	3,300,001～3,400,000	117,000
21	3,400,001以上	全額

もう一つ見逃せないのが、夫婦で入る場合の算定法です。二人の所得を合算し、2で割って算定してくれます。所得の合算が300万円だとすれば、一人150万円となり、事務費は二人分で2万円で済むのです。夫婦で入ればお得ということです。

計算してみましょう。夫婦で所得額300万円なら、生活費が二人で月10万5780円、事務費が2万円で合わせて12万5780円です。これで三食付きなのですから、ラクではないでしょうか。

一人で入る場合、150万円の所得なら生活費5万2890円、事務費1万円で6万2890円です。女性は12万円程度の年金の人が多いようですから、その範囲に収まることになります。

このほか冬期の暖房費や、自室の光熱費、電話代などが掛かります。

◆入居の条件

年齢60歳以上というのがまず入居資格になります。ただし夫婦の場合、どちらか一方が60歳になっていれば入れます。夫婦以外の親族の場合は、親子、兄弟姉妹とでも入れますが、双方60歳になっていなければなりません。60歳になっていて個別に契約するなら、何人一緒でも差し支えなく、仲のよい友達と入ることもできるわけです。空き室があればの話ですが。

次に、生活自立ができる、というのが必要条件です。といっても、身の回りのこと、衣服の脱ぎ着、食事、洗濯、入浴などが自分でできればよいのです。高齢者は病気の1つや2つ持っているのがふつうですが、それはかまいません。自分で生活できれば、ということです。

さらに月々の費用が払えなければなりません。福祉施設とはいえ、自費が必要なところなのです。事情があって家族と同居できない人、居宅のない人、なども条件になっていますが、これらについては施設側と相談してみることです。

また、保証人が必要です。一人でよいところと、二人必要というところとあります。保証人は費用についての保証と共に、何かあったときの相談役です。病気になったとき、認知症のような行動があるなどというとき、「どうしましょう」と相談され、判断を求められます。亡くなったら後始末の相談があります。ですから子どもか、子どもがないときは兄弟姉妹、それもないときは甥姪、とにかく法律上の相続権を持つ人が第一です。さもないと後始末に掛かったお金まで、保証人が負担することになります。相続人でなければ故人のお金には、まったく手が付けられません。預金がおろせなくなります。

ここはよく考えておいてください。相続権のない人に（いとこ、友人、知人など）保証人を頼むなら、遺言状を法的に有効な形式で書いておくことが必要です。さもないととんだ迷惑を掛けるおそれがあります。施設長に遺言状を書いて、保証人になってもらった、というケースも聞いていま す。「遺言を書くほどの財産はない」と思うかも知れませんが、たとえ50万円しかなくとも、後始末のお金を保証人に残しておくべきでしょう。後始末を頼む人ですから、やはり年齢がかなり下の人を選ぶのがよいと思います。

そのほか施設側から入居条件の一つとして「常識のある人」「協調性のある人」などをあげるとこ

ろもありますが、これは「常識」で判断してください。

◆医療と介護

だんだん自立が難しくなって、人の手を必要とするようになったときはどうなるのでしょう。ここでの介護は介護保険の「在宅介護」というあつかいです。ですから、家庭と同じように外部の「指定居宅介護支援事業者」の訪問介護を受けることができます。家庭と違うのは、施設側が手続きなどしてくれるので、なんにも分からない家族より頼りになること。しかし介護施設ではありませんので、重度の介護が必要になると然るべき施設へ移るほかなくなります。ただ、軽費老人ホームのなかには、介護保険の「特定施設入所者生活介護」事業者の指定を受けて、施設内で介護を行う体制を整えているところもあり、それなら終身介護を受けることも可能ですが、ただし、そういうところは非常に数は少ないです。

ふつうは、外部の介護事業者を利用しながら、要介護2か3くらいまでの介護をうけて暮らしているようです（要介護は5が最高）。ただし2006年4月から始まった改正介護保険法で、特定施設の条件が多様化され、ゆるやかになったので、今後は何らかの変化が予想されます。

医療については、特別養護老人ホーム（介護施設）を併設しているところなら、診療所もあることがあり、そうでなくとも提携医療施設は必ずあります。病気になれば世話してくれ、入院が必要なら入れてくれます。以前からのかかりつけ医に通っている人もいて、それは自由ですが、いざというとき提携病院へかつぎこまれる可能性を考えると、やはり診てもらってカルテを作っておいたほうがよいのではないでしょうか。

施設を選ぶに際して、周囲の医療機関をよく調べてください。提携病院はもちろんのこと、歯科、眼科なども近くにあるかどうか見ておくことです。「私は医者にかかったことがない」という人でも、年をとればどうなるか分かりません。

◆食事

三食とも食事が提供されます。生活費5万2890円のなかから食費が出ているわけですが、おそらく予算は5万円足らずでしょう。この金額はケアハウスでも、実は入居金何千万円の有料高級老人ホームでも、あまり変わりません。とくに食事に力を入れている有料老人ホームで、7万円ほどというところが稀にあるくらいです。おそらく栄養士の組んだ献立で、老人食ならば同じようになってしまうのでしょう。それだけにおいしいかまずいかは、調理人の腕と経営者の意識にかかっており、食に関心のうすい経営者とへたな調理人ではどうにもなりません。入居金もない軽費A型ホームでおいしいところもあれば、何千万円の有料ホームでまずいところもあるのです。見学に行くときは、前もって申し込む際、必ず「食事を食べてみたい」と言って予約してください。一食500円か600円で食べさせてくれます。ついでに献立表を1週間なり1カ月なり、もらってきて検討することです。入居してから「まずい!」と言っても遅いですから。

お酒は自由に飲めますが、酒ぐせが悪いのは論外で、暴れたりしたら退居してくれと言われるでしょう。夕食のときには飲まないで、その前に部屋でいっぱいやってから食堂へ出て食事を食べる人がいますが、肴というほどのものは出ないからでしょうか。肴もそうですが、漬け物などを用意して、給食を補う人はよくあります。たいていの施設で認められているようですが、見学のとき観察したり、やってもいいか聞いてみてください。あるとないとでは生活の質が違うでしょう。

◆入浴

毎日入れるところと、週6日、週3日などいろいろありますから、見学のとき確かめてください。毎日は入れないが、夏は自由にシャワーを使ってもらう、というところもありました。山梨県に温泉付の軽費Aがあり、そこはもちろん毎日でした。

要介護の人のために、ふつうの家庭にあるような小浴槽を備えている場合もあります。大浴槽を汚したらたいへんだからです。

◆仕事

職業を持って、通勤している人がいるところもあるし、ホーム内で報酬を得て仕事をするのは自由、というところも多いです。しかし禁止の施設もあるので、このへん確かめる必要があります。

◆外出・外泊

私どもの調査では、自由でないというところはありませんでした。ただし出かけるとき、事務所の窓口で備え付けのノートに名前と時間を記入したりして、届け出ることはあります。高齢者ですから、いつどこへ行ったか分からないでは困ります。しかし基本的には自由で、うそをついて出られてもそれきり、別に厳重管理するわけではありません。門限もあるにしても宿直の職員はいますから、連絡を入れておけば入れてくれないということではないのです。入居者全員に玄関のカギを持たせているところもありました。家庭にいても断りもなくいなくなれば、家族は心配するでしょう。それと同じなのです。

訪問者も家族や友人、誰でも自由に来られます。泊まって、給食まで食べることもでき、訪問者用宿泊室があるところも多いです。

◆その他の注意点

見学に行ったら、周りの環境もよく見てください。交通は誰でも注意するでしょうが、買い物の便はどうか、コンビニはあるかとか、役所は近いか、公民館、図書館の場所、とにかく自分にとって必要な環境はよく調べることです。

趣味のサークルはどの施設にもあります。好みのものがあれば楽しいでしょう。犬猫をペットとして飼えるところはほとんどないのですが、小鳥くらいよいというところ、施設で犬猫を飼って、みんなで可愛がれるようにしているところもあります。

あんがい大事なのが入居者たちの「感じ」です。見学のとき食堂などで観察して、自分と親しくなれそうな人たちかどうか、つまり「同類」かどうかを見てください。類は友を呼ぶもので、仲間に入れそうもなければそこは止めたほうがよいでしょう。

◎情報の手に入れ方◎

都道府県庁にそれぞれのリストがあります。

「東京都内の軽費老人ホームが知りたい。入所を検討したいので、リストをください」と頼めば、ケアハウスも含めて出てきます。窓口は「老人福祉施設課」などですが、ところにより名称が違うので、代表番号に電話して受付係に聞けば教えてもらえます。FAXでも、返信切手を送って郵送を頼んでもよろしいでしょう。

ガイドブックの最新のものをあげておきます。

◎『年金で暮らせて安くはいれる高齢者住宅』わいふ編集部編（03—3260—4771）、ミネルヴァ書房刊（TEL075—581—5191）2006年2月25日発行　定価2200円+税

ルポ

「今がいちばん幸せ」広い敷地には畑もあって。

軽費老人ホーム【万寿荘】

（大阪府池田市・入居金0円　月額費用約6万～17万円＋光熱費等）

各居室のベランダの花壇にはコンクリート製のプランターが設置され、思い思いの花が植えられてホームの景観に彩りをそえています。陽光を浴びた広い中庭は明るく、ゆったりとした雰囲気。

駅から歩くこと20分、なだらかな斜面に万寿荘はありました。約３３００㎡の敷地には園芸用地があり、５月下旬にサツマイモの植え付けをしたとか。万寿荘では今年から余暇活動の一環として園芸療法を行うそうです。

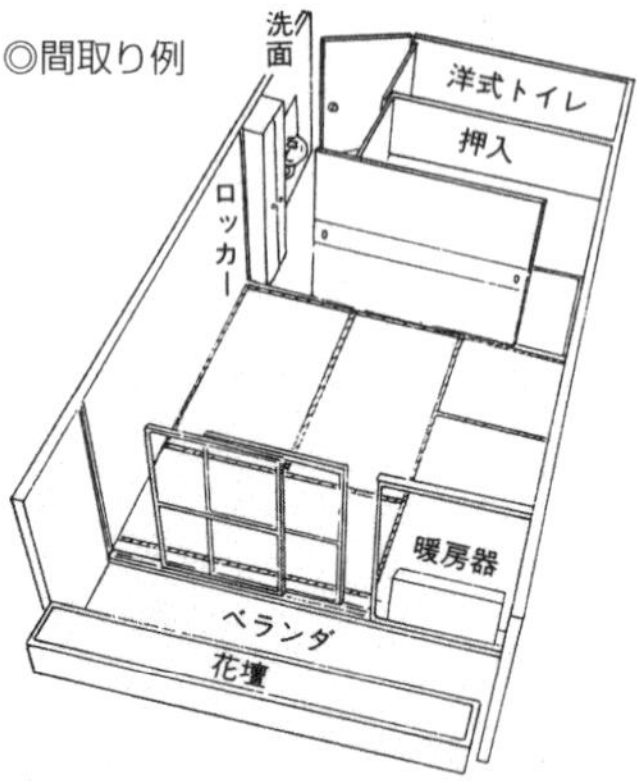

◎間取り例

◎庭での行事

●不安が一つ一つ取り除けた

さて、みなさん、どんな経緯で万寿荘へ入居してこられるのか、Fさん（女性、70歳）の例を紹介してみましょう。

2004年9月、Fさんは大阪市内の公営住宅から入居してきました。はじめの3カ月間は公営住宅を明け渡さずに、万寿荘が自分にあうかどうか、じっくりようすをみていたそうです。

「1カ月で雰囲気とか、だいたいわかりましたね。遠慮せずにものを言えるお友達もできたし。とにかく職員さんがやさしい。一度、気分が悪くなったことがあって、自分でもなんだか具合がおかしいなと思って、ナースコールを押したらすぐ職員さんが飛んできてニトロ（心臓薬）を飲ませてくださった」

3カ月たって「もう完全に大丈夫」だと思ったそうです。職員のやさしさ、体調が悪くなったときの安心感、環境のよさで、「自然にホームに馴染んできたんですね。不安が一つ一つ取り除けた気がします」

さらによかったのは、入居前に70キロあった体重が半年あまりで57キロに減ったこと。一人暮らしのときは2〜3食たべなくても平気だったのが、今は3食きっちりたべて肌もきれいになりました。居室には自炊設備がないため、大好きな料理の腕をふるいたくなると、Fさんは近くに住むお孫さんや息子さんのところへ出かけて行くそうです。

●高齢化の波に洗われて

軽費老人ホームは身の回りのことを自立してできる人が対象ですが、万寿荘では介護認定を受けている利用者の方が要支援と要介護1をあわせて約20名（2005年）。みなさん、入居後に介護が必要な状態になったそうです。外出したら方角がわからなくなりホームに戻れない人も2〜3名いて、ドアの前に、踏むと分かる徘徊センサーマットが敷いてある居室もありました。平均年齢約83歳、最高齢は97歳。加齢とともに介護が必要な方も多くなってきています。

現在、新たな軽費老人ホームの建設はされていません。

「建物が古くなってくると定員が一杯にならないんですよ。要介護1程度の軽い認知症の人も除外せずに受け入れることが増えましたね。府下の軽費ホームのなかには初めから断っているところもあるようですが」と話してくださったのは荘長の山下茂行さん。昭和46年開設の万寿荘では、認知症の他に、職員のフォローで生活できるようであれば視覚障害の人も受け入れているそうです。

60代の女性が外出したまま戻れなくなり、明け方、警察に保護されたり、入浴中に排泄の失敗をする人がいたりと、認知症のケアには何倍もの手間がかかりますが、家族の方と「もうちょっと頑張ってみましょう」と話しているそうです。どんなケアがいいのか模索している状態です。介護付きの有料老人ホームや認知症専門のグループホームへ転居した人も何人かいるとのことでした。

●母の教え

そんな利用者の生活を、目に見えないところで支えているのが、山下荘長以下の生活相談・介護職員のみなさんです。

7～8戸ごとに設置されている洗濯コーナーで、コンクリート床に敷いてあるスノコをあげて黙々と掃除をしている介護職員のMさんの姿が目に入りました。その誠実でひたむきな仕事ぶりに、〝ああ、こういう方たちが利用者の生活が少しでも快適になるように働いておられるんだなあ〟と感慨深く思ったことでした。

入居8年目になる91歳の女性Tさんは、「もうひ孫もいるし、今がいちばん幸せなとき違うかなあ」と話します。「みんなに世話かけてるなあ、ありがとね。それだけやな」と。朝起きたら、可愛がっている小学2年生のひ孫の写真に「おはよう」とあいさつをし、何かにつけ話しかけます。外の景色や花を見せたり、1日ひ孫の写真と一緒に過ごします。

生きがいは、みんなと仲良く暮らすこと。集団生活を快適に過ごす秘訣をたずねると、「絶対他人の悪口は言わんこと。死んだ母に言われましてん。いじめっ子でも3つや4つ、いいとこはある。なんぼ自分が正しいと思ても3つや4つ悪いとこがある。言いたいことは明日言え、て。晩、寝る前に10分間、今日1日のことを反省しなさい。かしこなるで」と子どものときに教えられたそうです。

今でもその教えを守っているのですが、このごろはなかなか反省にまでいたらないそうで、「今日は1日胃が重かったなあ、食事のせいかなあ、もう1つ反省することがあったなあ……、と思たら忘れてしもてる」。

（井口　和）

万寿荘
（軽費老人ホームA型）

設置主体／社会福祉法人　大阪府社会福祉事業団
開設／昭和46年5月
〒563-0023大阪府池田市井口堂三丁目4-1
TEL 072-761-6153

●交通　阪急宝塚線「石橋駅」より徒歩20分。
●建物　鉄筋コンクリート造　2階建（一部3階建）
●定員　50名
●費用
入居金0円。月々の費用は62,780円～169,780円（生活費52,780円＋事務費10,000円～117,000円）。冬季加算2,070円(11月～3月)。電気代（各居室の電気料を毎月検針し10kwhを超える分について実費）。
●入居について
60歳以上の方（夫婦で利用の場合は、一人が60歳以上であれば利用可）。共同生活を送る上で支障のない方。自傷他傷がないこと。
●居室
1人用居室4.5畳（44室）、2人用居室6畳（3室）。トイレ、洗面、押入、ロッカー、エアコン、ベランダ
●共用施設
食堂、娯楽室、浴室、集会室、洗濯室
●食事
栄養士による献立で1日3食を提供。粥食、刻み食あり。
●入浴　原則として週3回。
●仕事　仕事につくことは自由。
●関連施設　居宅介護支援事業所

ルポ

ほとんど規制がないのがここの特徴

軽費老人ホーム【松原荘】（栃木県宇都宮市・入居金0円・月額費用6万～16万円＋光熱費等）

●昭和の雰囲気が残る庶民的なホーム

餃子で有名なＪＲ宇都宮駅の西口大通りから、車で約10分。住宅街の小道をやや下ったところに、松原荘はあります。

外観は少し古い鉄筋二階建てのアパート風なので、一見すると老人ホームのようには見えません。思わず通り過ぎそうになりました。門の中は芝生や植木が植えられた広い庭になっています。周りは宅地で、バス停からも5～6分。静かで便利な環境です。

◎外観

◎庭から

このホームは昭和48年4月、宇都宮市が開設しました。築33年の館内はエレベーターがなく、居室の入り口にも6センチほどの段差。玄関回りはバリアフリーに改築したそうですが、まだ完全バリアフリーにはなっていません。洗濯場の流しもどことなく懐かしいステンレス製で、年代ものと思われる湯沸かし器や休憩室に置かれたソファーなど、館内に昭和の雰囲気が漂っているのが特徴です。そしてヘルパーさん以外の職員は市の職員ですから、福祉畑でない方もいらっしゃいます。そのせいでしょうか、あまり老人ホームという感じがしないのもここのホームの特徴。エプロンをつけて、入居者の要望や相談に駆け回っている男性職員の方々は気さくで親切です。

「すぐ近くには川があり、いろいろ花も咲いていますから散歩にはぴったりですね。天気が良い日は20人以上外出しています。皆さん、あまり遠くには行きませんが、とてもお元気ですよ」

こう語るのは、所長の吉沢康夫さん（保健福祉部・高齢福祉課）。さらに詳しく説明してくださった職員の高野さんによると、「60歳以上、宇都宮市に1年以上住所がある人」という条件なので、市の相談支援係の紹介で入居されるケースが多いそうです。最近はインターネットで探してくる方も増えてきました。

●低価格でも充実のサポート

現在最高齢の方は100歳の男性。洗濯もご自分でされますし、タクシーを呼んで一人で外出もなさるそうです。楽しみはホームで参加する室内競技やグランドゴルフ、大好きなカラオケなど。毎日をご自分のペースで、ゆったりと過ごされています。このホームの良いところは、制約がほとんどないこと。昼食を食べた後もほとんどの方がさっと自室に戻られて、自由に過ごしています。「お一人で過ごされるのが好きな方もいらっしゃいますからね」と職員もあまり気にしていない様子。

松原荘ではこのように入居者が自由で自立した生活を満喫していますが、お花見、初詣、りんご狩りなど、毎月のようにある季節の行事のときにはほとんどの方が参加して、親睦を深めています。その他、お花の教室があり、広い集会室（34畳・カラオケ付）で開催される健康体操やグランドゴルフ、カラオケなどの毎日のレクリエーションにも、多数の方々が参加されています。健康面では月2回、医務室で嘱託医の往診があり、健康診断は年に2回。入浴は月、火、木、金の週4回。大浴場は一つなので、男女が交代制で入ります。

ホームの外を案内してくれた女性のAさん（80代）は、「ここは本当に良い所ですよ」と早足で歩きながら満足そうに話してくれました。バスに乗ってどこへでもよく外出されるとか。松原荘では午後6時過ぎになるとガードマン一人になってしまうため、なかでもお元気なAさんは、いつの間にか入居者の皆さんからすっかり頼りにされる存在になっているそうです。入居者同士、仲良くサポートしあって暮らしている様子がうかがえます。

●将来はケアハウスに建て替え予定

居室は単身者用が4・5畳（畳の部分）で、夫婦用は8畳。きれいに整備されていますので、古さはあまり気になりません。洋式水洗トイレと洗面台、押入れ、物入れ、照明やカーテン、エアコン、電話、ナースコールが付いています。ベランダには小さなコンクリート製の花壇も備え付けられているので、花やちょっとした野菜を植えて楽しめるでしょう。

各階ごとに洗濯用の流しと全自動洗濯機1台、乾燥機付コインランドリー3台。洗濯物を干す場所も自由なので、屋上や中庭に干している人もいました。

お食事は毎回、必ず検食します。本日はぶりの照り焼き、茶碗蒸し、ほうれん草のおひたし、ご飯、グレープフルーツという献立でしたが、味加減がとてもおいしくて、グレープフルーツも食べやすく、皮を剥いてカットしてあり、調理師さんたちの心遣いが感じられます。ラーメン、お刺身、すき焼き風煮物などの日もあり、大盛、小盛、おかゆ、などの対応もしてくれます。体調が悪いときには居室まで配食してくれますから、安心です。

「5、6年後くらいには改築して完全バリアフリーをめざし、ケアハウスにしようという予定があります」と館内を案内してくださった職員の井上さん。建設場所は陽東地区を予定しています。どんなケアハウスになるのか今からとても楽しみですが、ケアハウスになっても今の温かく庶民的な雰囲気をぜひ引き継いでほしいものです。

「入居者の尊厳を守りながら支援するのは難しいのですが、とても勉強になります。そうした見守りをきちんとやっていきたいし、どんなことでも相談にのりますよ。安心感と満足を与えることが松原荘のモットーですから」という吉沢施設長の言葉が心強い。

（高橋篤子）

松原荘
（軽費老人ホームA型）

設置主体／宇都宮市
開設／昭和48年4月1日
〒320-0041 栃木県宇都宮市松原3-1-5
TEL 028-621-8601

●交通　JR「宇都宮駅」より車で10分。関東バス利用なら「松原」下車徒歩5分。
●建物　鉄筋コンクリート造り、2階建
●定員　50名
●費用
入居金は0円。月々の費用は62,780円～161,380円（生活費52,780円＋事務費10,000円～108,600円）。冬季加算2,590円(11月～3月)。冷房費は無料。
●入居について
60歳以上であること。宇都宮市に1年以上住所を有していること。配偶者を除くほか、同居する家族がいない又は同居を続けられない事情のあること。健康で他人の介護を必要としないこと。
●居室
1人用4.5畳（40室）、2人用8畳(5室)。トイレ、洗面台、押入れ、箪笥、ベランダ、花壇、エアコン、電話、ナースコール。
●共用施設
食堂、大広間、談話室、浴室、屋上、庭
●食事　100%給食
●入浴　週4回
●仕事について　仕事につくことは自由。

体験手記

ボンボンさんと共にある穏やかな日々

悠々の苑●関野サキ子さん

日々春のあたたかい息吹が感じられるようになりました。

私がこちらにお世話になりまして早5年になりました。月日のたつのは早いものと驚いて居ります。はじめてのひとり暮らしとなり、最初のうちはただささびしくて心細く思いながらの毎日でした。でも一日ポカンと暮らしている日が続くとしみじみこれでいいのかと思うようになりました。

そんな時、ありがたいことにいろんな趣味の集いから朗読、民謡、コーラス等々、お誘いが来ました。私はうれしく早速お仲間に入れてもらい一生懸命に練習しました。

でも日によってひまをもてあます日もありましたので、よい本をお借りして、要所要所を抜粋してノートにうつすことにしました。でもだんだん年を取ると目のつかれ、いねむりが出て来て「やっぱり、としやなあ」と一人でぼやく時もありました。でも、私はこれも勉強の一つと思い続けることにして、今もなんとか続いております。

ここで我が家のベランダのお花のことをお話しします。去年咲いた花が今年も元気に咲いて、鉢が小さくなるくらいになりました。名前は「ラナンキュラス」といって、私は口がまわらなく、何度もくりかえしやっとおぼえました。オレンジとエンジの混ざった大きな花です。直径7センチくらいあります。今は盛ます。

りがすぎたくらいですが、皆元気に咲いています。朝起きるとすぐベランダをながめ、にこにこ笑ってい
ます。

もう一つうれしいことは日曜日は私の楽しみの日です。子どもたちが孫といっしょにホームに来てくれ
ます。私は日曜日はなにかと用事の多い日なのにと思うのですが、彼女等の来るのを首を長くして待ちま
す。2時ごろになると3人の話し声が聞こえてきます。と、思わず顔がにこにこと笑ってしまいます。心
の中にいつも来てくれてありがとうと感謝しています。

これで親ばかの、子ほめことばは終わります。

私のいつも心に思い、そして心がけている言葉を二、三申し上げます。

一　いつも笑顔を絶やさないこと。

二　お友達とは、和やかにお話しすること。

三　思いやりのある心を忘れないこと。

朝起きて必ず、今日一日もよい日でありますようにと、私はささやかな「水屋」の上に坐っていらっし
ゃる「ボンボンさん」に手を合わせて拝みます。「ボンボンさん」は可愛いお地蔵さんです。これからも一
生懸命祈るつもりでいます。

今後も何かとお世話になることと存じますが、なにとぞよろしくお願いいたします。

（『和――開苑から十五年』より、軽費老人ホーム悠々の苑、2002年9月発行）

◎問い合せ先
〒573-1167　大阪府枚方市交北3-1-50
TEL072-850-0038　FAX072-850-4101

これからの主流はこれ！高齢者住宅の

◎ケアハウス

平成元年から、厚生労働省の「高齢者保健福祉十か年戦略（いわゆるゴールドプラン）」の一環として建設され始めた福祉施設で、軽費老人ホームの新しいタイプです。

福祉施設というと、「自由がないんじゃないか」「収入のごく低い人しか入れないんじゃないか」「大部屋に雑居ではないか」などと暗い想像をする向きがあるかと思いますが、ケアハウスはマンションと変わりない高齢者住宅で、もちろん個室、広さは一人室で21・6㎡以上と規定されています。一人室が30㎡近い場合もかなりあります。

室内にトイレ、洗面所、ミニキッチン、非常通報装置はかならず設けられており、洗濯機置き場やウォークインクロゼットが付いているところもあります。

マンションと違うのは共同設備で、三食の給食をするため厨房があり、食堂、シャワー設備のある浴室、洗濯機、乾燥機を備えた洗濯室、集会室、二階以上の建物ならエレベーター、事務室、介護職員の宿直室等が設けられ、種々のサービスができるようになっています。

夫婦で入る人には、だいたい2倍の広さの二人部屋が用意されていますが、一人部屋の壁を取り払って、二つで一部屋にしてくれることもあるようです。それぞれが一部屋ずつに分かれて住むこともあります。

上手な選び方

◆まず住みたい場所を選ぶ

ケアハウスは現在全国に約1500施設（定員約6万人）ほどあります。そのどこにでも申し込め、空いていれば入居できます。しかし地方自治体、たとえば市や区が設置したものだと、そこの住民しか入れてくれません。税金で建てているからでしょう。東京都渋谷区の高級住宅地にある区立のものは、3年以上渋谷区に住んでいることが入居の要件だということでした。

しかし、設置しているのは社会福祉法人が最も多く、地方自治体はずっと少ないので、じつのところ選ぶ幅がそんなに狭くなるわけではありません。「京都に住んでみたい」「温泉付きに住みたい」「沖縄に行きたい」など、夢を実現させるのも結構でしょう。入ったら最後出られないわけではなく、引っ越すのは自由なのですから。

ケアハウスは軽費A型と違い、入居一時金を数百万円取るところが多いのですが、引っ越しや万が一亡くなるなどで退居をすれば、入っていた期間分を差し引いて残りは戻ってきます。入居一次金といってもそれは前納家賃だからです。20年分の家賃を入居一時金としてまとめて徴収することが認められているのです。

ある人はペットの飼えるところでないと困る、というので探した末、静岡から遠く九州に移り住みました。それなのに2、3年でまたどこかへ移ったようです。施設としては、あまり短期間で退居されては困るでしょうけれど、引っ越すというのを止めさせるわけにもいかないのです。

ある温泉付きのケアハウスでは、しょっちゅうロビイに引っ越し荷物が出ているという話で、湯治のつもりで入居する人がいるのかもしれません。施設側も空き部屋ばかり出ては閉口だろうと思いました。しかし入りたい人が待っているなら、動いてもらって差し支えないわけです。

移動が自由といっても、選ぶ場合必ず見学することが必要ですから、そう広域をあちこちして見て回るわけにもいかないでしょう。まず住みたい場所を決めてください。

◆どんな住まいだろうか

部屋の広さは一人用で21㎡から30㎡くらいです。二人用、つまり夫婦用になると40㎡から60㎡というところでしょうか。広さもかなりバラエティがありますが、施設それぞれに個性があり、どれも同じケアハウスだと一括りにはできません。行ってみなければ分からないもので、ガイド本やパンフでいいと思っても、現物を見たらおどろくこともあります。

併設施設に特別養護老人ホームがあると（しばしばあります）、「これはいざというとき安心だ」と飛びつきたくなりますが、あるそういう施設を見学に行ったら、玄関が共通で入った途端ぷーんと悪臭がし、「これは困る」と思いました。特養の管理が悪いわけで（おむつなどの）、ケアハウスのほうもこんなところはお薦めできません。しかし特養と併設でも、別棟になっていて問題のないところもあるのです。

室内の設備は前述のとおりですが、各室にバスルームがあったり、洗濯機置き場、ベッドやカーテンまで付いているところもあります。エアコンはほとんどに付いています。集会室に喫茶コーナーがあり、夜はお酒が飲めるという施設もありました。

人によって生活の仕方は千差万別ですから、見学の際よく注意して、自分の暮らしに合っているかどうかを確かめてください。本のたくさんある人なら、本箱の置ける壁がなくてはならないし、洗濯機が共用ではいやだというなら、洗濯機パンが必要でしょう。一つの施設だけ見学して、こういうものだと思い込まないでください。いろいろ見れば違いが分かります。

◆費用はいくら掛かるのか

都市ではたいてい入居金があります。これは20年分の家賃を前納させる性格のものですから、軽費A型と違い家賃があるわけです。ケアハウスを建てる場合には国と自治体から補助金が出ますが、設置者がそれで足りない分を負担することになります。その負担分が家賃になります。20年分全額をいっぺんに取るか、一部を入居金にして残りは毎月に割り振って取るか、それは入居者との契約で決めます。入居時にはまとめて取らず、全額を20年で割って毎月取るところ（入居時にまとまったお金は必要ない）も地方にはかなりあり、いろいろです。20年分全額納めてしまえば、毎月の家賃負担はありません。施設によって取り方が違うので、手持ち資金と今後の収入に合わせて選んでください。

この前納家賃にもずいぶん差があり、20年分で1千万円以上というところもあるのです。安いほうは20年分全額の一部を分割してとるもので、１００万円から２００万円くらいでしょうか。なぜ差が出るかはいろいろな事情によりますが、高いところは居室が広かったり、共同設備が高級だったり、立地がよくて交通が便利、しかし地価が高いというような、ふつうのマンションの値段と同じ条件で高低が決まる場合が多いでしょう。入るほうとしては納得のいく値段であって欲しいわけで、そのためにもいくつか見比べる必要があります。

前納家賃ですから、20年以内に退居（亡くなる場合も）すれば残りを返してくれます。また、最初に全額払って20年経過すれば、家賃はその後一生払わないで済みます。

分割の場合は、例えば全額４００万円のところを半額の２００万円を一時金として払い、あとを20年間の月割りにすると８４００円ほどですが、施設のほうはこれに利息を加えますから、約９００0円足らずを毎月納めることになります。

分割ですと、20年経過した後もこの毎月の家賃を取り続けてよいらしいのです。20年経てば施設も傷んで、修繕費が掛かるという名目だそうです。まだケアハウスが誕生してから17年しか経っていないので、実例がないわけですが、そのように解釈されています。

全額払ってしまえば利息は取られないし（逆に利息が付きもしませんが）、20年後は月々の家賃もないので、このほうがお得ではあります。施設の所在地の自治体によっては、ルールを決めているところもあるようですから、調べてみるのもよいし、まず当の施設に「20年後どうなるのか」尋ねてみてください。年寄りのことですから、20年後などは分からない、いま大金を払いたくないという考えもあるかと思いますが。

月々の納入金は、軽費老人ホームA型と同じ仕組みで、生活費（飲食物費、共同部分の光熱水料等）、事務費（人件費、管理費等）が必要です。ただし生活費は軽費Aより安く、甲地と乙地に分かれますが、高い甲地でも44、810円です。どうして52、780円の軽費Aより安いのか、ある市の福祉課の人に聞いてみましたが分かりませんでした。

事務費は、これも軽費Aと同じく所得によって区分され、所得の低い人ほど安くなります。（表4参照）

この表だけを見ますと、年所得300万円から310万円までの人は92、000円納めることになっているし、それ以上の所得になれば「全額」とあります。全額とはおそらく92、000円より多いに違いないと、誰でも思ってしまいます。政府刊行物を扱う書店で売っている『老人福祉のて

■表4　ケアハウスの事務費徴収額

（平成10年9月から適用）
単位:円

対象収入による階層区分		本人からの事務費徴収額（月額）
1	1,500,000以下	10,000
2	1,500,001～1,600,000	13,000
3	1,600,001～1,700,000	16,000
4	1,700,001～1,800,000	19,000
5	1,800,001～1,900,000	22,000
6	1,900,001～2,000,000	25,000
7	2,000,001～2,100,000	30,000
8	2,100,001～2,200,000	35,000
9	2,200,001～2,300,000	40,000
10	2,300,001～2,400,000	45,000
11	2,400,001～2,500,000	50,000
12	2,500,001～2,600,000	57,000
13	2,600,001～2,700,000	64,000
14	2,700,001～2,800,000	71,000
15	2,800,001～2,900,000	78,000
16	2,900,001～3,000,000	85,000
17	3,000,001～3,100,000	92,000
18	3,100,001以上	全額

びき』（財団法人長寿社会開発センター発行）にはこの図表しか載っていないし、解説にも「入所者の所得に応じて上の表のとおりです」と書いてあるだけです。ところが、もう一つの表が存在します。

次頁の表5は東京都の例ですが、ケアハウスの設置・運営者側がもらえる事務費の額です。入所者の定員と、施設のある地域によってその額が違ってくることが分かります。定員50人で特別区にある施設の場合、7万3000円をもら

■表5　ケアハウスの事務費

取扱定員	平成16年4月以降適用							
	特別区	特甲区	支給割合改定地域	甲地	支給区分改定地域	乙地	指定解除地域	丙地
人	円	円	円	円	円	円	円	円
20	139,100	137,400	136,500	133,800	132,900	131,200	130,300	128,500
21-30	93,200	92,000	91,400	89,700	89,100	87,900	87,300	86,100
31-40	81,800	80,800	80,200	78,600	78,100	77,000	76,500	75,400
41-50	73,000	72,000	71,500	70,100	69,600	68,600	68,100	67,100
51-60	61,800	60,900	60,500	59,300	58,800	58,000	57,600	56,800
61-70	58,500	57,700	57,300	56,000	55,600	54,800	54,400	53,600
71-80	51,300	50,600	50,300	49,200	48,900	48,200	47,800	47,100
81-90	50,800	50,100	49,800	48,700	48,300	47,600	47,300	46,500
91-100	45,900	45,200	44,900	43,900	43,600	43,000	42,700	42,000
101-110	44,200	43,600	43,300	42,300	42,000	41,300	41,000	40,400
111-120	40,700	40,100	39,800	38,900	38,600	38,000	37,700	37,100
121-130	41,300	40,700	40,400	39,500	39,200	38,600	38,300	37,700
131-140	38,400	37,900	37,600	36,800	36,500	35,900	35,600	35,100
141以上	36,900	36,400	36,200	35,400	35,100	34,600	34,300	33,800

える、ということは７万３０００円以上はもらえない、これが限度額だということです。この施設に入った人が、３１０万円以上の所得があったとしましょう、「全額」納めるわけですが、全額はすなわち７万３０００円なので、それ以上はとられません。つまり表４の途中で限度額に達してしまい、２８０万円以上ならみな７万３０００円なのです（表４には７万３０００円の区分がありませんが、自治体によっても額が少し異なります）。

所得の低い人は安くなりますが、例えば事務費負担が1万円の場合、施設は限度額との差額を公費で助成してもらえますから、いずれにしても限度額分は収入になるのです。

そうと分かって表5をよく見ると、定員が多いほど事務費が安い。定員141人以上で内地の施設だと、限度額は3万3800円にすぎません。反対に20人（ケアハウスは定員20人以上でなければならない。併設型といって、特別養護老人ホームなどと併設されているものは10名以上でもよい）の特別区は13万9100円にもなっています。

もう一つ表6を見てください。職員配置基準ですが、20人定員で7人、141人以上では13人で、定員が7倍になっているのに職員数は2倍にもなっていません。これで事務費が低くなるのでしょう。この表も東京都の例ですが、地方へ行くとまた少し違うようです。

夫婦で入るときは二人の所得を合算し2で割り、それぞれを一人分として、事務費を算定してくれることは軽費Aと同じです。

こういうわけで、300万円以上の所得なら9万2000円をどこでもとられる、ということではないのです。ケアハウスを選ぶ場合、定員と地域に注意し、事務費の限度額を聞いてください。

このほか冬期加算といって暖房費の負担が数千円あります。

◆入居の条件

60歳以上で、身の回りのことが自立してできること、というのが条件です。法令では「自炊がで

■表6　ケアハウス職員配置基準

（平成14年4月以降適用）
単位:人

職種／定員階級区分	総数	施設長	事務員	生活相談員	介護職員	栄養士	調理員等
20	7(2)	1		1	1	-	4(2)
21~30	7(2)	1		1	1	-	4(2)
31~40	8(2)	1		1	2	-	4(2)
41~50	9(2)	1		1	2	1	4(2)
51~60	9(2)	1		1	2	1	4(2)
61~70	10(2)	1	1	1	2	1	4(2)
71~80	10(2)	1	1	1	2	1	4(2)
81~90	11(2)	1	1	1	3	1	4(2)
91~100	11(2)	1	1	1	3	1	4(2)
101~110	11(1)	1	1	1	3	1	4(1)
111~120	11(1)	1	1	1	3	1	4(1)
121~130	12(1)	1	1	2	3	1	4(1)
131~140	12(1)	1	1	2	3	1	4(1)
141以上	13(2)	1	1	2	3	1	5(2)

〔注〕（　）書きは非常勤職員であり再掲。

きない程度の身体機能の低下等が認められ、または高齢等のため独立して生活するには不安が認められる者であって、家庭による援助を受けることが困難なもの」となっています。矛盾しているようですが、自立生活ができるけれども危なくなってきている段階、ということでしょう。主婦なら、家事はいちおうできるがへとへとに疲れて辛い、そういう状態を指していると思われます。また配偶者が亡くなったため、一人暮らしが無理、不安、怖い、なども理由になります。

しかし実態としては、60歳以上の人で希望さえすれば、そう細かく条件を問われることはないようです。施設との契約ですから、むしろ施設側の事情のほうが問題になることがあります。例えば現在の入居者がほとんど80歳以上の高齢で、いろいろ職員の手が掛かるというような場合、入居希望者が60代と若ければ、喜んで入れてくれることもあるでしょう。必ずしも申し込み順ではないのです。もちろん順番も考慮はされますが。

裏返して言えば何かの事情で、条件を充たしていても断られることがあるわけで、自分を引き受けてくれる施設を探す努力も必要になります。もちろん空き室がなければどうにもなりません。そういう場合には「待機」といって、空くまで順番待ちをするわけですが、空いたとしても順番というより、やはり双方の条件の合致が第一なのです。

法令上の入居条件を満たせば必ず入れるともいえないわけで、こうした実状を心得ておきましょう。

その他軽費老人ホームA型と共通するところが多く、夫婦で入る場合の年齢とか、保証人の問題とかは同じですから、前項を参照してください。

◆医療と介護

介護型ケアハウスといって、都道府県から「特定施設入所者生活介護」の事業者として指定を受けた施設があります。ふつうのケアハウスでは、介護が必要になったときは外部の在宅介護サービスを受けるのですが、「特定」を取っているところはそこの職員が介護する体制を整えています。施設が介護保険から費用を受け取り、介護することができるのです。すでに介護が必要になっている人でも入居できますが、もちろん自立している人も入れます。介護が心配な人には魅力的ですが、まだ数は多くなく、その上「特定」の指定を取ってそれなりの体制を整えると、介護保険からの費用で運営することがどうしても必要になってしまいます。元気で「要支援」にもならないような人ばかり大勢入れては経済的にやっていけなくなり、そちらは少数になる傾向があるそうです。しまいにケアハウスの介護専用型になってしまうかもしれません。現に東京都品川区にはそういう施設がありますが、ここは自立型のふつうのケアハウスと隣接していて、要介護になったら移すというやりかたで矛盾なく運営されているようです。

在宅介護扱いの介護は、要介護1から3くらいまでやる、というところが多いようです。それ以上になったときは選択肢が違ってきて、第6章の「介護が必要になってから入る施設」(有料老人ホームの介護専用型)をも考慮する必要があります。

ケアハウスの入居金はそう高額ではないし、しかも前払いの家賃ですから20年以内に退居すれば残りは返ってきます。それも勘定に入れながら、介護が必要になった際の資金計画を立てておくことをお薦めします。第6章を参照してください。

もっとも、有料老人ホームではなく福祉の介護施設をねらってもいいわけで、病院を退院後はまず老人保健施設、それから特別養護老人ホーム（特養）へというコースは一般的ですし、当のケアハウスのほうでもどこへ移るのがよいか相談に乗ってくれます。病状によっては「指定介護療養型医療施設」、つまり老人病院に入るのが適切なこともあります。

以前は認知症になると、入れる施設がなくて困ったものですが、現在は前記の施設でたいていは引き受けます。それ専門の特養や老人病院もあるくらいで、特養では現在70から80％の入所者が認知症だといわれます。

ただしこれらの施設は数が十分ではなく、とくに特養は約34万人分のベッドしかありません。３５０万人といわれる要介護の高齢者のうち、特養に入れる要介護３以上の人はおよそ１５３万人、とても足りるものではないようです。東京では１００人も待機者のいる施設がめずらしくないくらいです。そこで第６章の介護専用型有料老人ホームが必要になってくるわけで、現在この業界は急成長しています。

しかし年をとったら誰でも介護が必要になるわけではなく、80歳以上の高齢でも、ケアハウスで十分対応できる、要支援程度で済む場合が多いのです。やがて病気になって病院に入り、数日から数カ月で亡くなるというケースが一般的なのですから、ほんとうに人手もお金も掛かる介護が必要になるのは、65歳以上人口の15％程度にすぎません。85％はそんなことにはならないのですから、高齢者はおおいに健康に気を付けて、85％に入るようにしましょう。もちろんいざというときの用意は十分すべきですが。

医療と介護とは結びつけて考えがちですから、病気になってもその施設で治してもらえるだろうと期待する人があるようですが、老人ホームはどんなものでも医療機関ではありません。有料老人ホームで診療所や病院を持っているところがあっても、併設しているだけでホームが医療を行うわけではないのです。

ある人が「姉がホームに入っていたが、ひどいアレルギーを治してもらえなかった。老人ホームは冷たい」と言っていましたが、それは掛かっていた医師と病気の性質の問題で、ホームの責任ではありません。往診や訪問看護は利用できますが、それもほかの機関から来るのです。ましてケアハウスや軽費Aは介護施設でさえないので（特定施設に指定されているところは介護施設ですが）医療面で過大な期待は抱かないことです。よくその限界を知って、それなりの計画を立てておきましょう。

ただし重度の介護が必要になったからといって、いきなり放り出される心配はなく、入っていた病院やそこの相談室、保証人、施設側が協議して適切な方針を出すことになるのです。保証人が「では引き取ります」といえば引き取ることになりますが、結局行き詰まって特養に入れたい、ということになるくらいなら、初めからそうした介護施設を考えたほうが賢明です。実際のところ特養への入所は、家庭からの入所は少なく、なんらかの施設から移動してくる人がいちばん多いといわれます。

◆食事

施設を探すときはまず見学をし、食事を食べてみるのは絶対必要で、軽費Aと同様です。軽費Aは古い施設ですから開設当時給食産業などなく、厨房の設備をそれなりにして、手作りの給食をしてきたわけです。今でも20年来同じ人が調理を担当し、煮干しと昆布でダシをとって汁を作っている、などというところもあります。しかし平成から建てられ始めたケアハウスでは、「外部委託」の給食がかなり行われているようです。見学のときは必ず予約をして食事をしてみてください。

外部委託といっても、調理をする人が他の会社などから派遣されて作っていることもあるし、外部で調理されて持ち込まれたものを温め、盛りつけだけするというやり方もあります。冷たいお弁当をぽんと出す、というわけではないので、どこの施設でも厨房（調理室）のないところはありません。「外部委託」の長所として、まずければ文句を言いやすく、ほかの業者に変えることもできる、つまり競争があるので案外おいしい、と言っている関係者がありました。手作りでも外部委託でも、必ず栄養士が献立を立てていますから、栄養的には問題ないはずですが、あちこち食べ比べてみるとおどろくほどの差があります。

何千万円の入居金を取る有料老人ホームで、いったいこれはなんだ！　とびっくりするほどまずいのに当たったりするのです。カレーライスのようだけれどどうもおかしいので、「これはなんです？」と聞いたら、「ハヤシライスです」と言う。ひどくまずくてどっちともつかない変なものでした。

これはおそらく経営者側の問題で、味に鈍感というか、音痴というか、おいしくしようという気がないのでしょう。とにかく食べてみることで、献立表ももらってきて、取り合わせがおかしくはないか検討してください。ケアハウスにもとてもおいしいところはあるのです。

しかしケアハウスを建てようという、経営者に向けた手引き書を見ても、食事についてはほんの数行しか触れられていません。設備や資金、補助金などは何十ページも費やして詳述しているのに、せいぜい「入居者の意向にできるだけ応えなければならない」と抽象的な意見を述べるにとどまっています。入居者には日々の食事がおいしいかまずいかは大問題なのに、経営者側はあまり重視していないのではないのでしょうか。有料老人ホームも含めての話ですが。

有料老人ホームも、軽費老人ホームA型も、ケアハウスも、だいたいのところが食費の予算は4万円から5万円です。これを材料費だけに使うか人件費まで出そうとするかでだいぶ違ってくるでしょうが、福祉のホームの人件費は事務費から出ます。だから食費は材料費と見ていいでしょう。有料老人ホームもよほどひどいところでなければそうだと思います。ただ外部委託では業者が何をするか分かりませんので、経営者側が無関心だととんでもないことになるのではないのでしょうか。栄養士が料理をよく知らない場合もまずくなるようで、栄養士必ずしも料理上手ではないのです。料理下手の栄養士が立てた献立は、取り合わせがおかしいので献立表で分かります。

有料老人ホームにはさすがというほどおいしいところもありますが、そういうのはグルメをセールスポイントにして予算を掛けており、入居者が払う額も7万円以上と高くなっています。しかし予算5万円足らずでもおいしいところはおいしいのですから、料理は料理する人の腕による、というほかありません。

入居者も「お世話になるのだからこのくらい我慢する」とか、「ときどき外食すればいい」「できるだけ自分で作ればいい」などと考えて、ホームの食事に関心を失うことがあり、こうなるとますますまずくなってしまいますから、食べてみてまずければ入居しないのが第一、そうもいかなければ文句を言うべきです。口で言うより書いてやったほうが有効で、書けばどこがどうまずいのか自分の感想もまとまるし、受け取ったほうも会議に持ち出すなど、なんとかしなければならなくなります。ていねいな言葉遣いで「よろしくお願い申しあげます」などと、外交辞令もふくめて書くと相手も気持ちよく受け取るでしょう。

また漬け物や常備菜などを持ち込む「補食」というのが許されるかどうかも、ぜひ見学のとき確かめてください。食中毒の危険とか、周囲の人との折り合いなど問題もあるので、禁止しているところがあります。これができるとできないではだいぶうまいまずいに影響があるので、聞いてみることです。日を指定してあらかじめ給食を断り、自炊をするのはどこでも認められています。

お酒は基本的に許されていて自由ですが、食堂で飲んでくれというところ、反対に自室で飲めというところ、なかには何かトラブルがあったとみえ、「瓶を事務所に預けてもらう」というところがありました。いくら預かっても密かに持ち込むのは防げないでしょうに。とにかく大酒を飲んで騒ぐようなことは問題外です。

◆入浴

見学のとき浴場を見て、「あ、きれい！」などと感心するだけで済ましてはいけません。施設によって入浴できる日数や、時間が違います。毎日入浴できるかどうか。週3日というところもあります。しっかり確かめておきましょう。入居者の定員が50人なら、決められた入浴時間に全員入るとしてどうだろう？　混雑はないか。具体的に想像してみることです。入浴時間が3時間半しかなく、浴場もあまり広くない、などということでは快適な入浴はできないでしょう。

最近は大きな浴場以外に、ふつうの家庭にあるような小浴室を設けているところが多くなっています。これは介助が必要になった人のための設備で、みなの入る浴槽でそうでもあっては大変ですし、入浴に時間も掛かるので、大勢と一緒は無理だからです。

週3日の入浴日でも、シャワーは随時使えるのがふつうです。また各個室にバスルームつきのところもあり、その上大浴場もあったりします。こういうところの大浴場は、入る人が少ないため毎日とはいかないようで、菖蒲湯、ゆず湯、その他の薬湯などを週に一、二回立てているなど、行事みたいになっている場合があるようです。

◆仕事

仕事を持って、週何日か通勤している入居者はかなりいます。平成元年、ケアハウスが設置され始めたころは60歳そこそこの入居者が多く、ほとんど全員が通勤している、などというところもありました。そんな人たちが施設に入っていいものかとおどろくかも知れませんが、年をとると体力がなくなって、自宅にいれば家屋や庭の手入れなど管理が難しくなります。女性なら掃除洗濯料理をこなすのがせいいっぱい、毎日へとへとになってしまう。老人の家はたいてい汚く、散らかっているものですが、体力がないからなのです。こういう人こそまさに「生活に不安のある」ケアハウス入居の適格者で、動けなくなったような人は、生活自立を必要とするケアハウスには入れません。高齢で体力はないけれども、食事が出てきてお風呂が沸いているケアハウスに住んでいればこそ通勤もできる。そういう人が仕事をしているので、仕事のためにケアハウスに入ることもあり得ると思います。

しかしなかには「仕事をするのはお断り」というところもありますから、見学のとき確かめることです。なお、通勤するような仕事でなく、パソコンとか洋裁和裁、手芸など注文を受けてやっている人もいます。そういう仕事をしている方は、よく確かめておいてください。「内部の人を顧客にしてやる、というのはお断り」などと制限があったりします。やはり施設としてはトラブルの種になっては困るのでしょう。

◆外出・外泊

どこでも自由です。隠居所のつもりで入って、子どもの家に週三日は泊まるという人、毎日共働きの子どもの家に通い、孫を保育園に迎えに行ったり、料理を作っているという人もあるのです。

ただしどこへ行くか、いつ帰る予定かは届け出ておかなければなりません。当たり前のことですが、行方不明では「認知症で徘徊か？」と、施設側はびっくりしてしまいます。「門限は9時、しかしそれ以降になっても電話を入れてくれれば対応します」とか、入居者全員がカギを持っているという施設もありました。長期の旅行に行く人もあります。

◆その他の注意点

ペットについては、犬・猫はほとんど飼えません。しかし、少数ながら飼っていいところがあるし、小鳥、熱帯魚、その他たいていの施設で許されているものはいろいろあります。入居者には飼わせないけれども、施設として飼っている場合があり、私どもの調査では、「犬が1匹、猫が6匹います」というところや、変わっているのは「フラミンゴ11羽」というところがありました。猫もフラミンゴも、子どもが生まれて殖えたとみえます。

どこでもサークル活動が行われ、新年会から始まって季節ごとの行事があります。そのプログラムを見ると、こんなに頻繁につきあわなければならないのかと煩わしく思うかもしれません。でも、参加は自由で、参加しない人は多数います。東京都内のあるケアハウスに入っている人が言うには、「ご飯を食べたらいっせいに部屋に引き上げ、全館森閑としてしまう。サークル活動や行事には半分も参加していない」。これでは職員も張り合いがないかと思いますが、プライバシー尊重の風潮が強いので、施設側も文句など言うはずがないのです。だから「園芸サークルがあったが、高齢化が進んで潰れた」とか、「陶芸の設備をしたのに、リーダーだった人が亡くなり、今は誰も使わない」などということになるのです。一時はカラオケが盛ん、民謡踊りで盛り上がる、大正琴が流行るといった現象が見られても、悲しいことに年寄りはいつまでも元気ではいません。長続きは難しいようです。

「つきあい」でやらなければならない、などと心配しないで、残された時間は長くないのですから、好きなことだけして過ごしましょう。もっとも、部屋に閉じこもってうつうつとしているなどは、施設側を心配させます。友達を作れるのも施設生活のいいところですから、サークルや行事に一つ二つ参加してみて、楽しみを見つけてください。

◎情報の手に入れ方◎

前項の軽費A型で述べたとおり全国にあるわけですから、まず住みたい場所を選び、そこの都道府県庁に「ケアハウスに入居したいので、リストをください」と頼むことです。どこの課に頼むかは、電話の受付に「ケアハウスの担当を」と聞けば回してくれます。

リストが手に入ったら、地図とにらめっこで「このへんがよさそう」と当たりをつけ、そこの施設に電話をして「入居を検討していますが、入居金や部屋の広さ、交通などの分かるパンフはありませんか。あったら送ってください」と頼み、ついでに空き室の有無を聞くことです。空きがなければすぐには入れませんが、待つ（待機）ことはできます。

このようにしていくつかの施設のパンフを手に入れ、比較検討してください、分からなければなんでも問い合わせてみること。そのさい施設側の応対の感じが悪いようなら、マイナス点がつきます。

また、パソコンでそこのホームページを見られれば、かなり詳しいことがわかります。

ケアハウスは10万人分の建設を目指しているので（現在約6万人分）まだこれから新しいものが建ちます。いま出版されているガイド本のリストは、その点ですべてを網羅しているとは言えませんが（都道府県庁の情報のほうが新しい）、内容の紹介が載っているので十分参考になります。手にお入れになったらよいでしょう。どちらの本も、書店で注文しても手に入ります。

◎『最新　ケアハウスガイド』シニアライフ情報センター編（TEL03―5350―8491）、中央法規株式会社刊（TEL03―3379―3861）、2005年1月15日発行、定価3500円＋税
◎『年金で暮らせて安くはいれる高齢者住宅』わいふ編集部編（TEL03―3260―4771）、ミネルヴァ書房刊（TEL075―581―5191）、2006年2月25日発行、定価2200円＋税

ルポ

認知症の方には環境を整え心で接しています

ケアハウス【きんもくせい】

（大阪府交野市・入居金630万円（分割あり）月額費用5万4810〜11万3410円＋光熱費等）

駅からバスに揺られること数分。目の前には田んぼがあり、緑豊かな自然に囲まれた静かなところにきんもくせいはありました。

最上階の5階にある食堂は見晴らしがよく、背後に山、前方遠くには生駒山系が望めます。肘掛のついたゆったりしたイス、明るく広々とした室内はちょっとしたティーラウンジの雰囲気。食堂と同じフロアには茶室、娯楽室等があり、茶道や書道、民謡、詩吟など各種クラブの活動に使われています。1階にはデイサービス、浴室（露天風呂付）があり、午後3時を過ぎると洗面器を抱えた入居者が三々五々やってきます。食事や入浴の合間に病院や接骨院へ通ったり、買物や散歩に行ったりして、夕食後はまた7時から入浴できます。

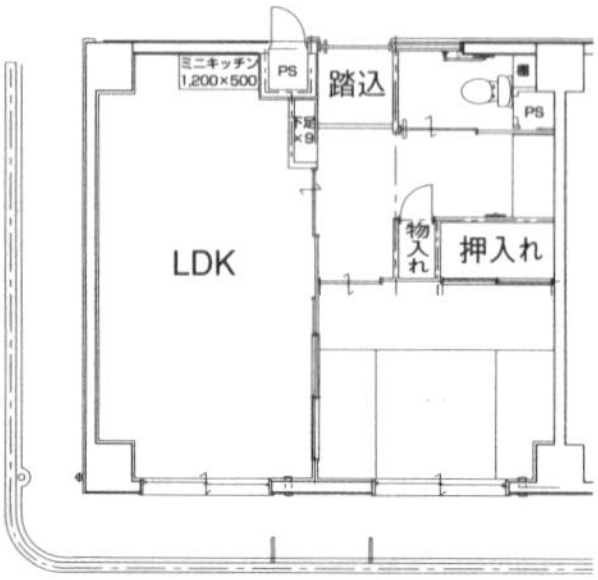

◎間取り例（夫婦用）

◎外観

●主治医との協力

ゆったりとした時間が流れるなか、日々の生活が営まれています。食事や入浴の時間は決められていますが、一般のマンションと同じで、他人に迷惑をかけない、大きな物音を立てないなどのルール以外は制約がなく自由です。

居室（一人用）の広さは6畳、ほかにタンス等を置く板の間が1畳ほどあり、ミニキッチン、洗面所、トイレがついています。浴室はありません。

きんもくせいには特別養護老人ホーム、診療所、訪問介護事業所などが併設されています。診療所は緊急時のみの対応で、あとはそれぞれかかりつけ医があるそうです。かかりつけ医をもつことのメリットとしては、入院が必要になったときに受け入れてもらいやすいこと、通院のための外出が引きこもり防止になっていることがあげられます。病院へ通うことが生活リハビリにもなっているというわけです。地域密着型サービスが重視されるなか、今後はとくに主治医を協力医として、密な連携をとっていく必要があると副施設長の池永直美さんは話してくださいました。

●一緒に暮していく

さて、ケアハウスは自立した高齢者が対象ですが、きんもくせいでは、ある程度身のまわりのことが自分できて、時間の感覚がわかれば軽い物忘れなら入居できるそうです。グループホームを除けば「軽い認知症の人は、ケアハウスくらいしかはいれるところがないんですよ」と池永さん。介護施設ではないのに、かなりの程度介護してくれるのがここの特徴です。

現在、認知症の方は約10名。居室を間違えて入ってしまうので、ドアのネームプレートに大きく名前を表示する、〝○○さんの部屋です〟とイラストを描いて入口に貼る、自分の部屋を覚えてもらうためにその方のぬいぐるみをドアにぶら下げる等々、いろいろな工夫を凝らしてだいぶん間違いが減ってきました。

徘徊で戻ってこられなくなった場合は、近くのコンビニ店など地域の協力をあおぎます。「だいたいコースは決まっていて、以前住んでいた場所に帰ろうとされます」

そういう場合、本人の生活の背景を探っていき、農業に従事していた方だったら農園を作って仕事を頼むなど、役割ができると徘徊はなくなるとのこと。

きんもくせいの平均年齢は88歳。90代後半の入居者が7〜8名、介護認定を受けている人は15名、そのうちヘルパー派遣の必要な人は約10名。それでも病気時の早期発見、規則正しい生活とバランスのとれた食事で、みなさん安定した健康を保っています。

また、きんもくせいでは日頃の声かけや買物、ドライブで、孤独にさせない、引きこもらせないケアを心がけていますが、「落ち込んでいる入居者の話は徹底して聞きます。一人じゃないよ、私らもいるよ、と人とのつながりを感じてもらう」ために。きんもくせいの目標は、健常者も軽い認知症の人も協力しあって一緒に暮らしていくことだそうです。

●日々の楽しみ

主任の石井智行さんは、「僕らが楽しく接していれば、入居者の方たちも楽しくなると思うんですよ。他に負けないくらい笑顔を絶やさず取り組んでいます」。行事に不参加だった人が参加するようになり、参加してよかったと言ってもらえれば、「次もやったろか」と奮起します。日頃から入居者の体調に細心の注意をはらい、居室をこまめに訪問して話をする。その積み重ねのなかで入居者の考え方もわかり表現の仕方もわかってきました。「僕の考えもわかってもらう。わかってもらえる言い方って、絶対あると思うんです」

居室を見せていただきました。日あたりのいい部屋でMさんと（84歳・女性）とKさん（88歳・女性）が仲良く座っています。二人は軽度の認知症ですが、かつてMさんは気丈な武道家、Kさんは商売を切り盛りして大店を仕切っていたそうです。どこへいくにも何をするにも二人は一緒。Mさんは「ここで一番楽しいのは何でも話せる友達ができたこと。なんであんたと仲良うなったんやろな。きょうだい以上やな。朝起きたら、Kさん、どうしてるかなァて考える」。

開設当初から入居しているOさん（85歳）は、足が不自由になってきましたが、今でも自転車に乗っています。洗濯が好きで、小物や洋服は自室で手洗いして、おおきなシーツなどは洗濯場で洗います。楽しみはおいしいものを食べに行くこと。この間も京都のほうへカニ料理を食べに行ってきました。Oさんの友達のWさん（85歳）の楽しみは旅行。鳥取や九州へ泊りがけで行ってくるそうです。

（井口　和）

きんもくせい
（ケアハウス）

設置主体／社会福祉法人　もくせい会
開設／平成8年9月
〒576-0013大阪府交野市南星台2-5-15
TEL 072-895-2468

●交通　JR学研都市線「星田駅」から徒歩15分。またはバス5分「星田7丁目」下車徒歩2分。
●建物　鉄筋コンクリート造5階建
●定員　50名
●費用　管理費は一括払い（630万円）か分割払い（月々30,600円）。月々の費用は、生活費44,810円、事務費は収入により区分があり10,000円～68,600円。冬季加算2,070円（11～3月）ほかにクラブ活動費、水道代、電気代、電話代など
●入居について　60歳以上で、自分の身の回りのことがある程度可能な方。家庭環境・住宅事情等の理由により居宅生活が困難な方。
●居室　1人居室22.4㎡（44室）、2人居室44.8㎡（3室）。ミニキッチン、トイレ、洗面台、物干し、下駄箱、ベランダ、エアコン、押入、センサー、インターホン
●共用施設　相談室、談話室、娯楽室、浴室、食堂、洗濯室、コインランドリー、ゲストルーム、自動販売機、駐車場、庭園、茶室、露天風呂
●食事　100％給食。治療食への対応あり。
●入浴　毎日（15～17時・19～20時）。シャワー設備の利用は随時
●仕事　前例がないのでわからない。
●併設施設　デイサービスセンター、ヘルパーステーション、ケアプランセンター

ルポ

ほどよい距離で、悠々自適を楽しむ

ケアハウス【マナ】

（埼玉県入間市・入居金270万円（分割もあり）
月額費用5万4810〜9万1910円＋光熱費等〜）

●国の要請で開設

「この辺りは、静かですよ。夜7時を過ぎると人も歩きませんから」そう語るのは、ケアハウス・マナ施設長の石川忠雄さんです。

国のゴールドプランに対応して、埼玉県もケアハウスの設立を計画、マナはそうした行政の要請を受ける形で、平成9年4月、社会福祉法人・世希泉会により開設されました。入間市は人口約15万人。駅ビル、銀行、飲食店などが立ち並ぶ駅前から車で約10分ほどで、狭山茶の茶畑が見えてきます。マナ（鉄筋コンクリート6階建）はその茶畑の横にあり、霞川沿いの窪地に建てられて、南側は斜面になっています。全室南向きのベランダからは花水木やタンポポが眺められました。その季節には美しく桜が咲き乱れる土手が見えますし、正面玄関前は霞川なので、赤や黒の鯉が群れ泳ぐ姿があります。

◎外観

◎浴室

居室にはミニキッチン、暖房付水洗トイレ、ナースコール、インターホン、生活リズムセンサー（12時間動きがないとナースコールが鳴る）などが設置され、フローリングの居室部分は約8畳あります。他に共用施設として、集会・娯楽室、食堂、洗濯場、談話コーナー、屋上と二階には屋上庭園、男女別の浴室、機械浴室など。入浴は毎日、午後4時半から午後9時まで自由に入れます。日中は寮母さんが2人、事務長さん、相談員、栄養士、施設長の6人で館の運営に当たり、夜間は男性の宿直員が1人。その日広い館内に入居者の姿はほとんど見えず、とても静かでした。皆さん、どのように毎日過ごされているのでしょうか。

「平均年齢は80歳ほどで、入居者の3分の1くらいの人は外出なさらないんですよ。しかし通勤して働いている人も何人かはいます。外出する人の半分くらいは、歩いて10分ほどのスーパーの開店を目がけて出ていき、お昼には帰ってくるんです。90代の女性で今日も泳ぎに行っている人もいますよ」と石川施設長。

●入居時に次の方針を考えることが大切

「ケアハウスは、介護施設ではなく、元気な方のための老人ホームです。行動も全く自由で、7時の夕ご飯の後は、朝の7時半の朝食まで、会いたくなければ誰にも会わないでいられます。自己管理が基本ですからね」と施設長。でも入居後に自立した生活が送れなくなったときは、一体どうするのか。「入居する時点で本人と家族、そして施設の担当者がよく話し合い、方向性を決めておくことがいちばん大切だと思いますね」

病院へ入ってまたここへ戻るのか、他の介護施設へ移るのか、その他選択肢はいくつかあります。入居者は意思を表現する能力がある方たちなので、つまらない世話をやく必要もなく、相談が必要なときは気軽に言ってくれるそうです。

「入居者同士、べったりしすぎない。言ったらそのことに対しては、自分で責任を持つこと。食中毒防止のために、買ってきた食べ物は配らない。食事は部屋に持ち帰らない。こうした注意はしています。最近、外出中にひき逃げ事故にあった人もいるので、交通安全についても毎日お話ししています。人間、誰でも衰えますから、衰え方を遅くしてもらって、最後まで頑張ってほしいと思います」と施設長は語ります。

ケアハウスができたのは平成に入ってから。まだまだ人々の認識も浅く、広範に知れ渡っている状況にはありません。基本である「自立」という意識をもっと人々に広めたいし、理解して欲しいとの思いが、施設長のこれらの言葉にはこめられているのでしょう。

食事は基本がご飯食ですが、おかゆはいつでも食べられますし、週2回パン食もあり、不定期ですが麺も出ます。バランスの良い、高齢者に適した献立です。入居者からの献立についての要望は、できるだけ取り入れるようにしているそうです（献立は予め発表している）。

「ここの行事食はおいしくてびっくりしましたよ」と言うのは、入居半年のご夫妻。狭山にお子さんがいらっしゃるので、横浜からこちらへ移ってこられたそうです。お二人とも毎日習字や油絵などで忙しく、外出してもまだ迷子になるので、早く土地勘をつかみたいとおっしゃっていました。

●個人の生活を楽しみたい

広い屋上からは入間市の街や森などが見渡せて、素晴らしい眺め。集会室や図書館などの施設も広くて、とても充実しています。サークル活動表には毎日、体操や絵画、俳句、カラオケなどの日程が組まれており、さぞかし活発に行われているだろうと思いきや、「声をかけてもなかなか人が集まらないんです」と施設長は残念そうです。

お話によると、入居の動機でいちばん多いのは嫁・姑の確執です。2番目は住宅事情。家庭の事情で入った場合、「ここへ来て清々した」と、ほとんどの人が一人の生活を楽しむようになると言います。「2割ほどいる男性たちは孤独を愛する方が多く、難聴で人と交際したくない人もいらっしゃるのでサークルに人が集まらないのでは」と施設長は推測しています。確執から解き放たれて悠々自適の生活を満喫できるのも、自由・自立が基本のケアハウスだからこそと言えるでしょう。

利用料は生活費が月額４万４８１０円、事務費は収入により1万円～４万７０００円まで。管理費（20年分の家賃）が２７３万９５７５円（一括と分割納入がある）。暖房費として11月～3月までは月額２０７０円がかかります。その他、居室内の光熱費、ケーブルテレビ回線使用料３５０円、電話新聞代、コインランドリー代（洗濯２００円、乾燥１００円）は自己負担です。隣にはデイサービス・マナが併設されていて、地域の高齢者が毎日集まっています。

（高橋篤子）

マナ
（ケアハウス）

設置主体／社会福祉法人　世希泉会
開設／平成9年4月
〒358-0022埼玉県入間市扇町屋3丁目5番30号
TEL 042-964-2040

●交通　西武池袋線「入間市駅」よりバス10分「扇町屋」下車徒歩4分。
●建物　鉄筋コンクリート造り　6階建
●定員　80名
●費用　月々の生活費は44,810円。事務費は収入により月額10,000円～47,100円。管理費は、①20年分一括納入（2,739,575円・月々0円）、②10年併用納入（一括1,369,787円・月々6,036円）、③5年併用納入（一括684,893円・月々9,055円）、④分割納入（月々12,073円）の4通り。11～3月は暖房費が2,070円加算。ほかに電気・水道料、ケーブルテレビ回線使用料、電話料金、新聞代、洗濯機使用料など。
●入居について　60歳以上で、自炊ができない程度の身体機能の低下が認められ、または高齢等のため孤立して生活するには不安があり、家族の援助が困難な方。介助を必要とせず自力で日常生活が営める方。伝染病疾患、精神的疾患等を有せず、かつ問題行動を伴わずに共同生活に適応できる方。所定の利用料が負担できる方。確実な保証能力がある身元保証人がたてられる方。
●居室　1人用21.75㎡（64室）、2人用37.98㎡（8室）。ミニキッチン、暖房付水洗トイレ、収納棚、エアコン、スプリンクラー、ナースコール、インターホン、生活リズムセンサー等。
●共用施設　集会・娯楽室、食堂、洗濯場、談話コーナー、屋上庭園、浴室、機械浴室
●食事　高齢者にあったカロリー計算と味付けで3食提供。
●入浴　毎日
●仕事　仕事につくことは自由。
●併設施設　デイサービスセンター

体験手記

母のケアハウス入居

埼玉県越谷市●坂元真弓さん（55歳）

◎突然始まった母の介護

4年前の秋、私は突然経験のない老親介護の渦に巻き込まれた。心づもりはあったものの、現実は予想外のことばかり。なにしろあの明るい母が、突然意地悪婆さんになってしまっていたのだ。

当時73歳の母は5年前に父を亡くし、岐阜で一人暮らしをしていた。持病のある母の暮らしは楽ではなかった。私や妹が時々帰省し、介護認定を受けさせ、ヘルパーに生活の応援をしてもらうようにしていた。不自由な生活に、弟の家での同居を勧めても、老人ホームに入居を提案しても、ここを離れたくないと、頑固に嫌がった。

どうしたらよいか、決めかねていた。子どもは3人とも関東に住み、近くにいなかったから頻繁に行ってやれず、ますます孤独が募り欝的になっていった。あんなに朗らかだった母が人ともつき合わず、私が帰省すると伝えても、来るなとまで言うようになった。そしてとうとう栄養不足と夏の疲れで起き上がれなくなって、しばらく私の家で預かることになったのだった。

当時、母を連れて帰ってもこんなに苦労するとは想像できなかった。娘の家で静養すればすぐ元気になるだろう。いつも気配りを忘れない母だから、少しは家事も手伝ってくれるだろう。ノーテンキに楽しく同居するイメージさえ持った私だった。

◎甘い期待は裏切られた

が、現実は違った。隠していた母の心と体の衰えはひどいものだった。連れてきた翌々朝の哀れな母の姿がその一幕目だ。トイレに間に合わずに小水を漏らし、水たまりを作って震えていたのだ。当時不在の息子の部屋を使っていたが、ドアの取っ手が改造されたもので逆さについていたから開けられなかったという。そんなに複雑ではないからわかると思っていたのだが。舅と同居のわが家で遠慮もあっただろうが、食事するとき以外、部屋にこもっている。テレビも見ない、ただベッドの中にいる。持病の発作が出ないように用心するあまり、運動不足にもなっていたから、天気のよい日には散歩を勧める。しぶしぶ出かけようとするからほっとしていると、玄関から出ていかない。

聞くと鍵がかけてあるから、と怒る。鍵といっても内鍵だからつまみを回すだけなのだ。散歩させられるのがまず不満なのだ。そして軽いボケ症状もあったのだろう。慣れない娘の家ということもあるが、頭を使って考えてみることもしなくなっていたようだ。

お金がないとおろおろしたこともあった。一緒にバッグを探してみれば、そこにある。食事を作ってやれば「まずい」「硬い」『アジが薄い』となにかしらケチをつける。おいしくてペロリと食べたときも褒めるなどもってのほか。喜ぶ顔さえない。

汚れた下着もポイと洗濯かごに入れるだけ。実家ではちゃんと洗濯は自分でやっていたのに、自分で洗おうともしない。

私が面倒をみるうちに子ども返りしてしまったのか、歯が痛い、腰が痛い、お腹がぐるぐるいう……などささいなことも訴える。腕が上がらないというので、洗髪もしてやっていた。家事の手伝いどころか、面倒を見てもらうばかりの生活となった。それに感謝の言葉もないどころか、娘のアラ探しをする。血の繋がった親子だから遠慮がない。

来客の見送りに、私が夫のカーディガンを一時借りて着ているのを見ていう。「また買ったの！」暗に娘の浪費を叱る。暇を見て、私の趣味である映画をみてきたときも、「いいご身分だね」と言い捨てた。

◎ノイローゼになりそう

私にとっては人生の試練の日々だった。パートの仕事と家事と母の介護。それに対して感謝どころか、不満と叱責が返ってくる毎日だった。食事も特別メニューで、ミキサーを使いとろみもつけた。ちなみに4年後の現在は普通食を食べている。私を困らせるだけだったのか——と言いたいほどだ。

弟や妹がやってくると、私の悪口を言う。

「いつも運動しろ、寝てばかりじゃだめとうるさいのよ」と。便秘する、太ってきたと言うからじゃないか。

ニトロを欠かせない生活なのに、外出時によく忘れる。いつも持っていてよと注意すると、「早く死にたいからいいの」と不気味に笑う。ああ言えばこうと減らず口なのだ。私が母のためと一生懸命やっているのに……。弟も妹も手伝ってくれない。どう手を出していいのかもわからなかっただろうが。

ことあるごとの母の、心をズタズタと切り裂くような言葉に傷つき、私は母のそばに近寄れなくなっていった。母が意地悪な鬼のように思えた。ノイローゼ気味だった。

◎近くのケアハウスへ

こうして7カ月、母はわが家で過ごしたが、車で15分程にケアハウスが見つかり入居することになった。このときも親戚に、「娘がじゃまにするからケアハウスに行くことになったの」と電話する。話し合って決めたことなのに、まさに意地悪婆さんである。そしてケアハウス暮らしが始まった。

どうなることかと心配したが……。静かな生活が母に合った。当初自室にこもり、一日中ベッドに入っているだけ。やる気はなかなか起きない。しかし娘に気を使うこともなく、自分のしたいように過ごせる。ずっとそれでは困るが、食堂に食べに行かなければならない。身だしなみに気を使う必要があった。それが気力となった。もともとおしゃれな母だから楽しみにもなっただろう。そしてやはり人は一人では生きられない。同じ年ごろの仲間と暮らすことで、孤独感も厭世感も減っていったようだ。鬱病も少しずつ治っていった。

うつむき小さな声で話していた母が、大きな声でおしゃべりするようになった。内科の医師も「お母さん、元気になったね。元気過ぎるな」と驚く。私は「やっと昔の明るい母に戻ったんですよ」と説明する。

ケアハウスに入居してしばらくしたころ、母が私に改まって礼の言葉を言ってくれた。距離ができたことで、意地悪婆さんの仕打ちがなくなった。母と娘は近すぎて、遠慮もなく傷つけ合う。病気がさせたこと、老いがさせたことなのだと、ようやく私も理解できるようになった。

◎こんな日が来るなんて、夢のよう

私が母にカリカリ苛立っていると、穏やかな夫が宥めることがあった。「耄碌《もうろく》しちゃったんだよ」と。当時は母の言葉にいちいち反応する私だったが、年寄りってそんなものかもしれないとだんだん感じるいらしい。

ようになった。なにしろ私は核家族育ちで、老人を知らない。夫は大家族の末っ子だったから耄碌したじいちゃんや婆ちゃんの実態をよく知っている。脳は衰えてしまう。悪意でなく耄碌していくのだ。ここで「耄碌」とは差別語でなくあえて使いたいのだが。昔の子どものお手本となってくれた親ではなくなっていくのだ。相手をしているのはこういう耄碌していった親なのだと自覚が必要だ。話半分で聞いたほうがいいらしい。

でも現実は、けっこう若々しい母が、わかった風な親面で話すのです。つい真面目に対応してしまう。でも相手は耄碌しちゃっているのだ。夫が曰く、さんまさんがよく言うところの〈ポットに話しかけるお爺さん〉と同じだと思えって。しっかりしているようでも、70歳くらいで母の老後の生活を子ども達で決めてやればよかったと後悔している。脳の耄碌は外見ではわからない。気をつけましょう。

ケアハウスの今年の秋祭りに、母は初めてカラオケ大会に出場した。お得意の「岸壁の母」を3番までセリフ入りで歌った。弱っておとなしかった母の変貌に職員もケアハウスの住人も驚いている。彼女、実は相当な芸達者で楽しませてくれますよ。

先日部屋を覗くと、夢中で熱唱する母がいた。喜寿の祝いに送ったリラックスチェアでヘッドフォンをつけ、大好きな氷川きよし君のCDをかけ歌っている。声をかけると照れて笑った。私の好きな昔のままの可愛い笑顔だ。毎日楽しいと、朗らかにおしゃべりしてくれる。こんな日がくるなんてまるで夢のようだ。4年前の暗い日々から自力で解決してきたんだと達成感をもてる。きょうだいとも本気で喧嘩しながら話し合いをした。通院のお供など分担してくれるようになり、心にゆとりもできた。これから元気になるという未来のない老親介護だ。弱っていくだろうが、明るく支えてあげたいと思っている。

（投稿誌『わいふ』318号、2006年3月刊）

体験手記

一目ボレして入居を決意

東京都板橋区●大場雅泉さん（71歳）

◎義姉の入居のつもりがなんと一緒に入居

ケアハウス入居の話が出たのは昨年の暮れだった。80歳になる義姉（夫の姉）はかくしゃくとして、風呂なしの小さな民間アパートに一人で暮らしていたのだが、ケアマネージャーがその暮らしを見かね、またどうしても一人暮らしをしたいという本人の希望も入れて、ケアハウスを紹介してくれた。そこは4月からの入居ということで、夫と3人でモデルルームを見学に行ったのだが、私のほうが気に入ってしまい、義姉は1人部屋を、私たちは夫婦部屋を申し込んできた。と同時に、必要書類の作製に追われたが、1件だって2件だって一緒なのだから、たいした苦労も感じずにクリアー。

面接がすんで入居が決定したのが3月半ば過ぎ、そして4月6日大安吉日を選んで、これもまた3人一緒に引越しをした。

◎思った以上に快適な場所

場所は都区内。元のわが家からさほど遠くない。今までどおりゲートボールにも通えるし、孫の世話もできそうである。建物は、夫婦棟は4階建てだが、全体は地下1階地上7階で、庭には茶室や東屋もあり、駐車場駐輪場も広々ととってあって、そこいらのマンションも顔負けの造りである。屋上には遊歩道や緑化庭園があり、高台にあるのでその眺めもよい。玄関は常に施錠されており、勧誘や物売りは個室まではいけない仕組みになっているにもかかわらず、各室への訪問客の出入りは名簿に書くだけで泊めることも可能という（身内がきたときなど）。

逆に入居者の外出、外泊は自由で、玄関わきの名簿に記入すればいい。

各階に寮母ステーションがあり、その前は談話室になっていてテレビや新聞がおかれている。各階廊下に1カ所のトイレ設備があり、エアコンも行き届いているし、しっかりしたテスリがついており、足の弱い方には頼りになりそうだ。地下1階は明るく大きな食堂と大浴場があり、小さいながら露天風呂までついている。

個人部屋は、6畳（和室）、3畳（洋室）、それに小さいながらキッチン、バストイレ（ホテル仕様のユニットバス）が、夫婦部屋は、それにもう一つ6畳がついている。もちろん、部屋の出入りは段差なしで車椅子自由パスである。ベランダを含まない個室面積は27・55㎡から37・64㎡である。

この至れり尽せりの設備に一目ボレして入居を決意したのだが、ここに至るまでにはそれぞれいろいろのいきさつがあり、またこれからもいいことばかりではすむまいと思っている。

◎ここにいたるまでの苦難の道

私たちが46年住み続けた家を捨てて団地住まいを始めたのは、2年前の春まだ寒い2月だった。離婚して戻ってきた娘と孫2人にふりまわされ、そのうえに年老いた夫の姉（前出）との同居も問題となり、さらに息子たちが勤務地の横浜に家を建てて、もうここには戻らないと決まったとき、私は古くなったこの家への未練を捨て、夫と二人、先の短い人生を楽しく生きようと決心した。

幸い、二女とその夫が買い取ってくれることになり、彼女たちの家を売ったお金とあとは月々10万円返金するということで話がまとまり、一日中陽の当たる、冬暖かく夏涼しい上等の公団賃貸住宅に入居した。学校を代わりたくないという孫のためと、住み慣れた土地を離れたくないという私たちの思いとで近くを選び、それまでの生活があまり変わらないよう工夫はした。

建て替えてまだ新しく、憧れの団地であったが、3階なのでエレベーターがなく、流し台の高さ、風呂の高さ、深さなどが現代人なみなのであろうか、私たち年寄りには少し合わない不便さ。そして2年住んだらその分年をとって、夕方買い物を下げて3階まで上がる辛さなど少しずつ不満が出るようになった。二人になったら、仲良く家事を分担して旅行をしたり観劇をしたり……と夢を見ていたのに、観劇に行けばいびきをかいての居眠り、旅行に行けば旅の恥はかき捨てのだらしなさ。友達と旅行に行っても夫がどう暮らしているかが心配で、2泊以上はできない始末。仲良くどころか、朝から晩までけんかばかりでもう限界！　というところまできてしまった。

◎最高の解決策

ちょうどそんなときケアハウスの話が出たのである。頼まれていた孫も3月には卒業して自宅のそばの中学に入学したし、時期としては最適である。しかし夫は「老人ホームは留置場と同じ」と考えていた男である。見学することによって「学生寮ぐらいかな」と格上げしたものの偏見は大して変わらず、息子や娘たちも「親をそんなところへやるわけには行かない」と、話を聞くとみんな集まってきた。

それでは現実に義姉を含む3人の老人を、今後どうやって面倒を見るかということになると難しい。入居金は安いし（50万から）「いやになったらすぐここへ戻ってくるから大丈夫よ」という私の言葉と、みんな施設を見学して「ここなら安心」と引っ越しを手伝ってくれた。

今度は私の部屋を確保した。私が必要なものは全部私の部屋にある（ふすまを開ければ夫の部屋ではあるが）。三食つきなので食事の心配は一切ない。ミニキッチンがついているので、自分がやりたければ、自分で作ってもよい。五分もしないところにローソンもセブン・イレブンもある。今はいついやになって帰りたくなるか分からないからと、住所変更も電話番号変更もしていない（団地にいたときもそうだった）。

家出ジジババに幸いあれ！

（投稿誌『わいふ』314号、2005年7月刊）

第2章

老後の住まいとして
公的賃貸住宅を選ぶ

◆高まる高齢者向け賃貸住宅のニーズ

統計によると、高齢者の持ち家率は他の世代に比べて高いのですが、子どもが別居したり、家屋の管理や修繕が高齢のため難しくなったりして、マンションなど便利な賃貸住宅に住みたい高齢者は増加しています。ところが民間賃貸住宅への入居は高齢を理由に敬遠されることが多く、高齢者の直面する住宅問題は簡単ではありません。家賃などの経済的負担が重いといった不安を抱える高齢者も少なくないでしょう。

年金で暮らそうとした場合、公的な賃貸住宅に住めればいうことはありません。老後の住み替え先としての公的賃貸住宅には、どんな住まいがあるのでしょうか。

公的な賃貸住宅にはさまざまな種類があります。例えば、

・地方自治体による公営住宅等（都営住宅、県営住宅、市営住宅、町営住宅、区営住宅など）、
・住宅供給公社によるもの（都民住宅、公社住宅など）、
・UR都市機構（旧住宅公団）によるもの、など。

これらはどの住宅でも、高齢者だからという理由で入居を断わられることはありませんし、高齢者に配慮した室内設備や、家賃について優遇措置のあるものもあります。

ここでは東京都内の公的賃貸住宅について紹介しますが、各都道府県及び区市町村、(独)都市再生機構、公社等により、住宅の名称や入居条件等は異なってきます。他府県の方は、この本をお持

ちになって、「これに該当するものはありますか」と、お住まいの都道府県や区市町村の窓口にお問い合わせになるといいでしょう。

安い家賃が魅力の公営住宅

高齢者向け都営住宅「シルバーピア」

◆倍率は宝くじなみ？

「公営住宅」とは、公営住宅法に基づき、地方公共団体が整備し管理運営する、所得の低い世帯を対象とした住宅をいいます。東京都の場合、都が管理する公営住宅が「都営住宅」です。

「シルバーピア」は、平均抽選倍率が約100倍、最高倍率は500倍にもなることがあるという、人気の高齢者向け都営住宅です。1987年に建設省と厚生省により創設された「シルバーハウジング・プロジェクト」事業によるもので、東京都では1990年以降に建設された都営住宅の一部に、シルバーピア住宅が併設されています。

入居の対象となるのは、都内に3年以上居住している65歳以上の単身者や夫婦世帯で、年間所得の上限が、二人世帯で359万6000円、単身者なら321万6000円で、それを越えないことが条件です。住宅に困っている人のための住宅なので、持ち家のある人は入れません。

高齢者が安心して生活できるよう、室内はバリアフリー化され、入居者の安否の確認や緊急時の対応等を行う生活協力員（ワーデン）が、同じ団地内に居住しています。標準的な住戸の間取りは、単身者向けが1DK（約33～37㎡、二人世帯向けは2K～2DK（約37～53㎡）といったところです。建物は1990年以降に竣工しているので比較的新しく、福祉対応型エレベーター、緊急通報装置等がついています。

◆安い家賃と、万一のときには安心の住まいで魅力的

公営住宅の特徴は、とにかく家賃が安いということです。たとえば地下鉄「青山一丁目駅」から歩いて5分という好立地にある都営住宅「北青山一丁目団地」（総戸数705戸）には、シルバーピアが60戸併設されていますが、単身者向け1DK（33㎡）の家賃が2万4700円～5万4300円と、周辺の市場家賃に比べて驚くほど格安です。家賃に幅があるのは、入居者の所得によって家賃が決まるからで、立地条件や住宅の広さ、建築年数等によっても違ってきます。

シルバーピアには約30戸に一人の割合で、ワーデンと呼ばれる生活協力員が常駐しています。各部屋の緊急通報装置や、一定時間水の使用がないなどの時ブザーで知らせる安否確認センサーがワーデンの部屋につながっており、いざというときには安心です。

ワーデンの仕事は、安否確認、緊急時の対応ですが、入居者のなかには介護や買い物までワーデンに頼む人も出てきて、いろいろな問題が生じているようです。今後はワーデンにかわって、在宅介護支援センター等の職員である生活援助員（ＬＳＡ）を福祉施設から日中だけ派遣する方向に動いています。夜間は緊急通報装置が民間の警備会社につながるようにしたり、さらにＬＳＡのサービスに対して、入居者に対価を支払ってもらおうという動きもあるようです。

◆はいれば老後問題はすべて解決？　そうはいきません

バリアフリーに対応した住宅に安い家賃で暮らせて、緊急時には頼りになる生活協力員のいるシルバーピアは、高齢者にとって願ってもない住まいのように思えます。高倍率の抽選を勝ち抜いて、「ここに入ってさえいれば安心」と入居したとしても、ここは住宅であって、福祉施設ではありません。介護が必要な状態になったら、介護の居宅サービスを利用することになります。大きな団地のなかには在宅介護支援センター等が置かれているところもあるようです。入居の際には子どもなり親族なりに、介護が必要となったときの費用や手続きについて相談しておく必要があるでしょう。

◎情報の手に入れ方◎

シルバーピアの募集があるのは、２月と８月の年２回です。募集時期については、新聞折込みで配布される東京都や区市町の広報紙、東京都住宅供給公社のホームページ、東京都、区市町のホームページなどで発表されます。募集期間がわかったら、「募集案内・申込書」を手に入れましょう。募集期間中に限り、都庁、区市町村の役所、東京都住宅供給公社募集センター・同社の各地窓口センターで配布されます。入居資格や、募集住戸の間取りや築年数といった詳しい情報が載っている冊子です。所定の封筒に申込書を入れ、郵送して申し込みます。受付期限があるので注意しましょう。

住みたいと思う住宅があったら、過去の抽選倍率を調べてみると、応募倍率のだいたいの予想がつきます。東京都住宅供給公社のホームページには、最近の応募倍率表が詳しく載っていますし、東京都住宅供給公社募集センターに問い合わせれば教えてもらえます。

抽選のたびに高倍率となるのは、文京区、港区といった都心のシルバーピアで、市部やあまり交通の便のよくないところは、それほど高い倍率でないところもあります。先に述べた「北青山一丁目団地」は、神宮外苑と赤坂御用地にはさまれた大規模団地で、常に倍率の高いところです。とはいえ周辺におしゃれなビルはあっても、庶民的なスーパーや商店街は見当たりません。いくら家賃が安くても、物価の高い都心で年金生活をするのは大変です。都内でも物価の高い安いがあるので、住宅を選ぶ際には、そのへんも考えに入れておきましょう。

どこの都営団地にシルバーピアがあるのかは、「東京都都市整備局」のホームページ(http://www.toshiseibi.metro.tokyo.jp/)を開いて「都営住宅経営」に進み、「都営住宅団地一覧」

をクリックするとわかります。平成17年3月の時点で、シルバーピアの併設された都営団地は134団地。今後は都営住宅の建て替え時にのみ、新たに供給されるということですので、抽選倍率の高い状況は続きそうです。

その他、都営住宅全般についての情報の手に入れ方は、次項も参考にしてください。

「家族向け・単身者向け」の都営住宅

◆高齢者の優遇制度あれこれ

都営住宅には、シルバーピア以外にも、「家族向け」「単身者向け」といった募集枠があり、家族向けの場合60歳以上の世帯には、当選率が一般の7倍になるという優遇制度があります。高倍率を覚悟でシルバーピアをねらうよりも、こちらのほうがずっと入りやすいでしょう。

原則として都営住宅には夫婦・家族で入居することが条件ですが、50歳以上であれば単身者でも申し込めます（平成18年4月1日の制度改正により60歳以上に変更。ただし経過措置あり）。住宅に困っている人のための住宅なので、持ち家のある人は入れません。家賃は、1～2人が入居対象の1DK、2DKの住宅で1万円台～5万円台といったところがほとんどです。

都営住宅に入居するには、世帯の所得が定められた基準以内であることが条件で、二人世帯であれば年間の所得金額の上限が278万円（二人とも60歳以上の高齢者世帯であれば359万6000円）、単身者なら321万6000円です。定年を迎えて年金暮らしを始めると、この収入基準に合致するという世帯も多いでしょう。民間や公団の賃貸住宅から、公営住宅へ住み替える高齢者世帯は、全国的に増加しているそうです。

都営住宅というと、エレベーターなしの3〜5階建てのいかにも「団地」といった建物を想像しますが、最近建てられた都営住宅は、見たところ一般のマンションとかわりません。平成5年度以降に建設された住宅はすべて「バリアフリー仕様」で、浴室・玄関等に手すりが設置され、浴槽・給湯器がついています。昭和40年代に建設された住宅の間取りを変更し、室内の段差を解消してリフォームし、エレベーター・スロープをつけ、新築住宅とほぼ同水準にした「スーパーリフォーム」住宅もあります。住民の高齢化がすすみ、後からエレベーターを設置した住宅も増えています。これらの事項は、募集案内に載っていますので、忘れずにチェックしましょう。

◆当選してもすぐに入居できるわけではありません

「『近所のあの都営住宅に入りたい』とか、『どこでもいいからすぐ入りたい』と相談に来られる方があるのですけど、都営住宅はすぐに入れるものではないし、希望する団地で募集があるとは限らないんです」と話すのは、都営住宅の管理業務を行っている東京都住宅供給公社募集センターの職員。都営住宅の募集があるのは年に4回。それぞれに対象世帯（家族向・単身者向・シルバーピア等）が異なります。募集時期や対象世帯については、新聞折込みで配布される東京都や区市町の広報紙、東京都住宅供給公社のホームページ、東京都、区市町のホームページなどで確認してください。募集があるのは、今後空き家が出ると見込まれる住宅がほとんどなので、希望する団地の募集が出ないこともあります。また、抽選で当選して資格審査に合格したとしても、すぐに入居できるわけではなく、空き家が発生次第、順次入居となるのです。

平成17年5月に募集のあった家族向け住宅の平均抽選倍率は37・1倍ですが、１４０８倍という高倍率のところもあれば、０・５倍という定員割れの住宅もあります。常に高倍率で人気があるのは、交通の便のいい都心にある比較的新しい住宅のようです。過去の抽選倍率を調べて、できるだけ倍率の低いところに応募するのが、早く当選するコツです。

◆抽選のない「ポイント方式」もあります

抽選をしないで、書類審査や実態調査をしたうえで、住宅に困っている度合いの高い人から順に入居予定者となる「ポイント方式」という募集枠もあります。ひとり親世帯（母子・父子世帯）や心身障害者など、申し込みできる世帯は限定されていますが、60歳以上の高齢者世帯は対象となっています。ポイント方式で斡旋される住宅は、昭和40年代に建てられた古い都営住宅で、バリアフリーのものはほとんどありません。同居親族がいることが条件なので、単身者は申し込めません。8月と2月に募集があり、平均倍率はだいたい10倍前後です。

◎情報の手に入れ方◎

都営住宅について詳しいことを知りたいなら、東京都住宅供給公社募集センター・都営募集課をお訪ねになるか、電話でお問い合わせになると教えてもらえます。東京都都市整備局のホームページでもわかりやすく説明されています。

◎都営住宅の問い合せ先……東京都住宅供給公社募集センター　都営募集課
〒150―8322　東京都渋谷区神宮前5―53―67　コスモス青山3階
TEL03―3498―8894
ホームページ　http://www.to-kousya.or.jp/

「シルバーピア」は東京都だけの名称なので、他府県の方は「シルバーハウジングについて知りたい」と各自治体の窓口で尋ねてください。東京都や大阪府など大都市部では65歳以上の高齢者を対象としていますが、他府県では60歳以上というところが多いようです。

◆区・市・町による公営住宅募集もあります

東京都内の公営住宅は都営住宅だけではありません。区市町単位で、それぞれの地元に住んでいる人を対象に、都営住宅、区営住宅、市営住宅・町営住宅の募集を行う場合があります。高齢者世帯向けの住宅に関しては、区営・市営住宅の低層階にシルバーピアが併設されているところもあれば、民間賃貸住宅を借り上げて高齢者集合住宅としているところもあります。

募集のお知らせは、区・市・町の広報紙やホームページに載りますが、詳しいことは、お住まいの区市町村役所・役場に問い合わせてください。公営住宅法に基づく住宅なので、入居資格の所得基準や家賃は、都営住宅とほぼ同じです。

万一のときも安心の「高齢者向け優良賃貸住宅」(高優賃)

今後は、一人暮らしや夫婦のみの高齢者世帯が増加し、そうした世帯でも安心して住み続けることのできる賃貸住宅のニーズが、より高まることと思われます。「高優賃」は、「高齢者の居住の安定確保に関する法律」(平成13年施行)に基づいて、高齢者に優良な賃貸住宅を供給する目的で設けられた住宅です。民間の土地所有者や地方公共団体、UR都市機構(旧住宅公団)等が、高齢者向けの賃貸住宅を整備する際に、国や地方公共団体が建設費や家賃の補助を行うものです。

◆UR都市機構による高優賃

UR都市機構の正式名称は「独立行政法人都市再生機構」といい、以前は「住宅公団」の名前で親しまれてきた組織です。名称の変更にともない、「公団住宅」の名称は、「UR賃貸住宅」に変わりました。昭和30年代の高度経済成長時代には、都市近郊にたくさんの公団住宅が建てられ、まだ一般的でなかったダイニングキッチン、水洗トイレを備えていて、サラリーマン家庭の憧れの的でした。

UR都市機構では、昭和40～50年代に数多く建設された旧公団住宅を、高齢者の住まいにふさわしくリフォームして、「高齢者向け優良賃貸住宅」（高優賃）として入居者の募集を行っています。緊急時対応サービス（セコムなど）への加入契約は、入居者負担の有料で、入居条件となっています。トイレ、浴室、個室（1室）の三カ所に設置されているボタンを押すと、提携民間事業者へ通報されるので安心です。普段は元気に暮らしていても、事故や急病で倒れたときのことが不安という高齢者は多いものです。希望すれば、生活リズムセンサーも設置でき、異常を感知した場合は自動的に通報し、必要に応じてスタッフが駆けつける、安否確認サービスも利用できます（有料）。

UR賃貸住宅の家賃は、一般の賃貸住宅とほぼ同じですが、礼金、更新料、仲介手数料、保証人は不要です。高優賃の場合は整備費を国がUR都市機構に補助し、さらに、国とUR都市機構が家賃の一部を負担するため、入居者の負担は本来の家賃よりも少なくなります（入居者の所得により家賃の軽減率は異なります）。

入居の対象となるのは、満60歳以上の方で、単身者も申し込めます（一部不可の住宅もあり）。申し込み本人の毎月の平均収入額が、都市機構の定める基準以上であることが必要です。基準月収額は住宅ごとに異なり、募集案内書にそれぞれ記載されています。

◎情報の手に入れ方◎

高優賃の募集は、以前は年4回だったのが、平成17年10月より毎月募集に変更されました。募集案内書の配布は毎月13日〜26日なので、期間内にUR営業センターなどで「募集案内書」を手に入れましょう。関東エリアのUR営業センターは、主要駅近くに13カ所、分室が3カ所あります。募集案内書には、部屋の広さや交通の便、家賃や基準月収等の情報が詳しく載っています。入りたいと思う住宅があったら、募集期間の毎月20日〜26日に、案内書に添付されている申込書に必要事項を記入のうえ郵送して申し込むか、インターネットで申し込みます。

平成17年10月募集の首都圏の平均応募倍率は、19・1倍で、最も倍率の高かったところは、金町駅前団地（葛飾区）の110倍、最も低いところで館ヶ丘団地（八王子市）の3倍でした。間取りや床面積、立地条件等によって応募倍率は左右されるようですが、人気のある団地は常に高倍率だと思っていいでしょう。現在UR賃貸住宅に入居していて、高優賃に住み替えたいという人には、当選倍率が2倍になるという優遇措置もあります。申し込みたいと思う住宅の前回の応募倍率が知りたければ、UR営業センター窓口か、フリーダイヤルで教えてくれます。またUR新宿営業センターでは、火曜と金曜に高齢者の住まいに関する相談窓口が開設されています。

平成17年現在、関東エリア（東京、神奈川、千葉、埼玉、茨城）の高優賃は137団地、ほかに中部、関西、九州エリアの都市部にもありますので、詳しいことは、各エリアのUR営業センターにお問い合わせください。

◆UR都市機構の高優賃には無抽選、先着順の募集もあります

一部の高優賃は、先着順で入居を受け付けているものもあります。UR営業センターで尋ねるかフリーダイヤルで、先着順対象団地と空き室状況を確認して、よさそうなところがあったら、実際に行ってみるといいでしょう。住宅の申し込みをするまで部屋の中は見られませんが、まわりの環境やだいたいの雰囲気はわかります。それで気に入ったら無抽選の入居をねらって申し込みをしてください。先着順による申し込みは、各UR営業センター、または現地案内所で受け付けています。

◎UR高優賃（関東エリア）の問い合せ先
独立法人都市再生機構　募集販売本部　TEL03－3347－4375
空き室状況等フリーダイヤル　0120－411－363
UR新宿営業センター・高齢者相談コーナー　TEL03－3347－4391
ホームページ　http://www.ur - net.go.jp/

◆地方公共団体が認定する高優賃

つぎに都道府県知事や政令指定都市・中核市の長により認定を受けた高優賃について紹介します。入居の条件は、原則60歳以上で、収入制限はありませんが、自治体によっては地元優先などの入居条件があるところもあります。家賃については、国と地方自治体が、民間の土地所有者その他の事業者に建設費の一部や家賃の補助をするので、一般の賃貸住宅よりも安くなります。東京都の場合、家賃は単身用で7万から10万円くらいで、入居者の収入等に応じて最大で一カ月2万5600円が減額されます。入居者にはこのほか、サービス費（緊急通報装置）、共益費が毎月かかります。また、入居時には敷金（3カ月分以内）が必要ですが、礼金、更新料はありません。

高優賃の認定基準は、一棟の規模が5戸以上で、原則として一戸あたり床面積が25㎡以上、各戸に台所、トイレ、洗面所、浴室、収納設備を備えることが定められています。実際のところ床面積は30〜40㎡のものが多く、一般のマンションと同じような感じです。生活援助員（LSA）が派遣をされることも可能という規定になっていますが、東京都内の高優賃にはまだそういう事例はないようです。

平成17年の段階で、UR都市機構による高優賃が約1万4857万戸あるのに対して、地方公共団体の認定を受けている高優賃は全国にわずか9148戸ほどしかありません。整備費や家賃の補助金助成が負担になるからでしょうか、高優賃を実施していない県もあります。

◎情報の手に入れ方◎

高優賃入居の窓口となっているのは、各都道府県や中核都市の住宅課です。東京都の場合、新築の住宅は区報・市報等で入居者を公募していますが、空きのある住宅については各住宅の管理者に問い合わせることになります。東京都内の高優賃の情報については、窓口である東京都住宅局で教えてもらえます。

◎東京都内の高優賃の担当窓口
・東京都都市整備局住宅政策推進部民間住宅課　TEL03―5320―4967

高齢者でも入居できるその他の公的賃貸住宅

「シルバーピア」や、「高優賃」は高齢者に配慮した住宅ですが、ほかにも高齢者の入居できる公的賃貸住宅はあります。民間の賃貸住宅では、敬遠されがちな高齢者ですが、公的住宅では高齢を理由に入居が制限されることはありません。

中堅所得者層向けの「特優賃」・「特公賃」（都民住宅）

◆ちょっとゆとりの都民住宅

都営住宅に入りたくても、入居資格の所得基準を超えてしまうという中堅所得層を対象としているのが「都民住宅」です。国の「特定優良賃貸住宅の供給の促進に関する法律」（平成5年7月施行）を活用したもので、部屋の広さは50㎡以上125㎡以下と定められているので、ゆったりと広く、屋内外の設備も充実しています。高齢者も入居できますが、どちらかといえば若いファミリー向けになっているようです。原則として持ち家のある人は入居できません。

都民住宅に申し込むにあたっては、原則として東京都内に居住している人、または勤務先がある人で、単身者は原則として入居不可です。世帯の所得金額が基準内であることが条件で、2人家族なら、世帯の年間所得金額が278万〜759万2000円となります。家賃は民間の賃貸住宅と変わりませんが、国や東京都が、入居者の家賃負担軽減のための補助金を出しています。家賃補助の割合は所得額によって異なり、高所得であったり、物件によっては家賃補助のない場合もあります。家賃補助額は年々減額されるしくみになっていて、入居者が負担する額は毎年3・5%ずつ上昇していきます。

◎情報の手に入れ方◎

都営住宅と同様に、抽選による空家募集は、募集期間中にパンフレットを手に入れて、同封の申込書に必要事項を記入して、郵送で申し込みます。すでに空き家となっていて待機者のいない住宅は、先着順（無抽選）で入居を受け付けています。

東京都住宅供給公社のホームページには、現在募集している先着順の都民住宅が出ています。また、東京都住宅供給公社募集センターには、先着順の募集物件が掲示されているので、自由に見ることができ、直接申し込むことができます。

都民住宅には、東京都が管理運営するタイプと、東京都住宅供給公社が管理運営するタイプがあり、それぞれに募集期間や家賃補助の有無、入居資格等が異なります。詳しいことは、東京都住宅供給公社のホームページを確認するか、東京都住宅供給公社募集センターに問い合わせると教えてくれます。

◎都民住宅の問い合せ先……東京都住宅供給公社募集センター
〒150―8322　渋谷区神宮前5―53―67　コスモス青山3階
都営住宅・都民住宅総合案内テレホンサービス　03―6418―5571
ホームページ　http://www.to-kousya.or.jp/

◆区民住宅・市民住宅について

「特定優良賃貸住宅の供給の促進に関する法律」に基づく住宅（特優賃・特公賃）は、都民住宅だけではありません。「区民住宅」「市民住宅」という名称で管理している区や市もあり、こちらは地元に居住している人（または勤務している人）を対象としており、原則として世帯向けで、所得基準は都民住宅とほぼ同じです。自分の住んでいるところにそういった住宅があるのかどうかは、お住まいの区市町村役所・役場に問い合わせてみるといいでしょう。

◆所得基準の上限がない「住宅供給公社の一般賃貸住宅」

住宅供給公社が、住宅金融公庫及び東京都から建設資金の借り入れを行い自ら建設した賃貸住宅が「公社一般賃貸住宅」です。

都営住宅・都民住宅と違って、入居者の収入の上限は定められておらず、反対に最低の月収基準が設けられています。60歳以上の高齢者であれば、月収基準に満たない場合でも、連帯保証人となる親族の月収が基準以上であれば申し込みができます。同居予定親族のあることが条件ですが、単身者が申し込める住宅もあります。

家賃補助はありませんが、昭和30～40年代に建てられた団地では、23区内でも6、7万円というところもあります。

公社一般住宅の募集は、2カ月ごとの抽選による定期空き家募集と、先着順募集があります。先着順募集の物件は、東京都住宅供給公社募集センターに掲示してあります。

◎公社住宅の問い合せ先……東京都住宅供給公社募集センター
〒150―8322　渋谷区神宮前5―53―67　コスモス青山3階
TEL 03―3409―2244
ホームページ　http://www.to-kousya.or.jp/

◆昔ながらの団地から高層マンションまである「UR都市機構の賃貸住宅」

UR都市機構については、「高優賃」のところでもとりあげましたが、UR賃貸住宅には、昔ながらの団地から、六本木や恵比寿、お台場などに建つおしゃれな超高層マンションまであります。家賃は一般の賃貸住宅とほぼ同じですが、礼金、更新料、仲介手数料、保証人は不要で、単身者でも申し込めます。

入居者の収入の上限は定められていませんが、申込者は基準月収額（家賃の4倍、または33万円、単身者は25万円。ただし家賃が20万円以上の住宅は40万円）以上の収入があることが条件となっています。ただし60歳以上の高齢者・障害者・母子家庭の方は、基準月収に満たない場合でも一定の条件を満たせば申し込めます。

入居申し込みは抽選によるものと先着順によるものがあります。UR都市機構のホームページにも詳しい情報はありますが、これからUR賃貸住宅を探そうという人は、最寄りのUR営業センターをお訪ねになってみるといいでしょう。関東エリアのUR営業センターは、主要駅近くに13カ所、分室が3カ所あります。エリア別の先着順受付対象団地（抽選不要）が掲載された冊子も置いてありますし、わからないことがあれば、窓口で相談できます。

（中満千恵）

◎UR賃貸住宅の問い合せ先

ホームページ　http://www.ur-net.go.jp/

〈北海道・東北・関東エリア〉

都市再生機構　募集販売本部　TEL03−3347−4375

〈中部エリア〉

都市再生機構　中部支社　TEL0120−86−3344

〈関西・中国・四国エリア〉

都市再生機構 西日本支社 募集販売センター　TEL06−6346−3456

〈九州エリア〉

都市再生機構　九州支社　TEL092−722−1025

■公的賃貸住宅

名称	公営住宅		高齢者向け優良賃貸住宅	特優賃（特公賃）	公社住宅	UR賃貸住宅
	シルバーハウジング（東京都シルバーピア）	都営住宅・県営住宅・区営住宅・市営住宅など	高優賃	都民住宅・区民住宅・市民住宅など	公社一般住宅	UR賃貸住宅
供給方式	○地方公共団体が建設・管理 ○地方公共団体が民間住宅を買取り・借上げ、管理		民間事業者、社会福祉法人、地方住宅供給公社、UR都市機構等が供給する	○地方公共団体が建設・管理 ○民間が建設・管理等	地方住宅供給公社が建設・管理	都市再生機構が建設、管理
目的	バリアフリー対応の住宅に緊急時対応の生活援助員が配置された公営住宅	住宅に困窮する低額所得者に低廉な家賃の賃貸住宅を供給	高齢者世帯に対してバリアフリー対応がなされた優良な賃貸住宅を供給	中堅所得者に対して優良な賃貸住宅を供給	中堅勤労者に対して良好な居住環境を備えた賃貸住宅を供給	大都市において、主にファミリー世帯向けの良好な居住環境を供えた賃貸住宅を供給
収入等入居要件	収入制限あり		収入制限なし（UR都市機構の高優賃では月収基準を満たしていることが必要）	収入制限あり	収入の上限は定められていないが、月収基準を満たしていることが必要	収入の上限は定められていないが、月収基準を満たしていることが必要
入居資格	60歳（65歳）以上の単身者世帯・二人世帯	原則同居親族がいることが条件だが、高齢者等については単身入居も可	高齢者（原則60歳以上）の単身世帯・夫婦世帯	原則同居親族を要する	原則同居親族がいることが条件だが、単身者でも申し込める住宅あり	単身者でも申し込める
家賃	家賃は住居によって異なる（収入・立地条件等に応じた負担あり）		市場の家賃（家賃の補助あり）	市場の家賃（収入等により一定期間家賃の補助あり）	市場の家賃	市場の家賃
問い合わせ窓口	お住まいの都道府県庁、区市町村役所・役場		○UR営業センター ○お住まいの都道府県庁、区市町村役所・役場	お住まいの都道府県庁、区市町村役所・役場	地方住宅供給公社	UR営業センター

第3章

高いけれどもサービス抜群

介護付有料老人ホームとハイクラス高齢者住宅

年金と資金に、少しゆとりがあればこれ！

◎介護付有料老人ホームとハイクラス高齢者住宅

サービス面の充実が一番の長所

◆入居金は家賃の前払い

入居金何千万円というこのクラスのホームについては、「高い入居金、豪華な生活」といったイメージが先行し、その特長、そのよさが行き届いたサービスにある、ということはあまり知られていません。また入居金の性格についても「人生最後・最大の買い物」などといわれ、いかにも「買う」ように思いがちですが、入居金というのは家賃の前払いなのです。ですから途中で出れば残りが返ってきますし、「買う」ものではなく借りるものなのです。業界では「終身利用権（その施設を一生利用できる権利）を買う」という言い方をしますので、買うといっても間違いではないでしょうが、相続ができるわけでもなく、誰かに売れるわけでもない、亡くなったり事情があって出てしまったりすれば、その住まいは返すほかないのです。やはり「借りるもの」と言ったほうが実態に即していると思います。

この「終身利用権」方式が一般的ですが、少数の買い取れるホームもあって、これはその項で詳しく述べます。

まずサービス面の話ですが、有料老人ホームというのは全くの民営で、公的資金はもらっていません。たいていは株式会社で、つまり商売なのです。商売で高齢者の介護をするというと、「老人を食い物にする」などといった悪いイメージを持たれがちですが、商売にはなかなかいい面もあります。社会主義国の国営企業はサービスがわるく、資本主義国の営利企業はサービスがいい、とは誰でも知っていることで、儲けるためには企業はお客を大事にするものなのです。

◆入居者はお客様、お客様は神様

10年以上も前ですが、ある有料老人ホームを見学にいったところ、ひどく環境がわるいのにおどろかされました。建物は国道に面していて、自動車の往来が引きも切らず、ことに大きなトラックが轟音を立ててたくさん通り、もうもうと排気ガスが空気を汚しているという状態。しかも庭もなく、国道にぴったりくっついて建てられているのです。「老人ホームの建つべきところじゃないなあ」と、あきれながら入ってみれば、どこの窓も二重ガラスになっていて、開けることはできません。

案内の職員は、「案外静かでしょう、騒音や排気ガスは入らないのです」とむしろ自慢げでしたが、「こんなところに誰が入るものか」と思いました。

ロビーに行くと、ソファなどに入居者が集まってテレビを見たりしていましたが、そこへエレベーターから男性のお年寄りが降りてきて、手にしていた大きな紙袋を「ホイ」と職員に渡し、職員は「ハッ」とうやうやしく受け取りました。何かと思いましたが、側を通るとき見たら洗濯物のようでした。その男性はゆうゆうとアームチェアに座り、「茶をくれ」。別の職員が「ハッ」と答えてお茶を用意しながら、「お菓子はいかがでございますか」「なにがあるんだ?」

見ていて私は納得しました。ここは環境が悪い、それを補うために大いにサービスに努めているのだと。高齢者は親切に弱いし、とても家族にはできないようなサービスをしてもらえば、二重窓だって文句はないのでしょう。

このホームは現在も繁盛しているようです。

◆高齢者には住み心地のよい世界

こういう弱みのあるホームばかりでなく、どこでも有料老人ホームはサービスがよく、職員は十分訓練されているものです。高齢になると人間は頑固になるといいますが、頑固だけでなく心理が若いときより極端に動くので、ある施設の園長が「個性が煮詰まる」と表現していました。強気な人はますます強気になるし、弱気な人はよけい弱気になる、年を取るにつれて個性が強調されてくるのです。本人は自分が変わったとは思っていませんが、実はたいてい変わってきていて、家族はしばしば閉口します。そういう高齢者が百人も二百人も集まっているのですから、老人ホームの運営はそうとうたいへんなことです。しかし職員は訓練されていて、どんなわがままを言われても怒らずうまく対処します。けっして失礼な言動をせず、高齢者のプライドを尊重してくれるのです。

これが有料老人ホームのいちばんの長所で、高齢者としては家族と同居するより、はるかに住み心地のいい世界だと思います。

なかにはその職員の親切に飛びついて、よく条件を調べずに入居し、あとで不満を言い出す人もあります。大金が掛かっているだけに、少し気に入らないことがあると疑心暗鬼が生じて、あれこれ不安が広がり、不満が大きくなりがちなのです。こういうのは下手な入り方で、しっかり調べて納得して入居し、入ってからはあまり細かいことにこだわらないのが入居成功のコツでしょう。

「介護専用型」と「自立型」を区別しよう!

ある介護専用型のホームで見学・説明会があり、私が解説者として出たことがあります。集まった数十人の見学者に、「現在介護でお困りの方、どのくらいいらっしゃいますか」と尋ねたところ、一人もなかったのでとても意外に思いました。「このホームは介護施設で、特定施設といって介護保険で介護をするところです」と一応の説明をしましたが、質問した人は二人だけで「老後が不安、子どもの世話になりたくないので見学にきました。介護については心配ないのでしょうか」という意味のことを二人とも言うのです。なにか食い違っているなあ、と思いましたが、その後内部を見学しているとき「せまいわねえ、こんなとこじゃだめねえ」という声が聞こえたので、ますます「おかしいな?」と思いました。そこは個室がだいたい12畳ほどあって、介護専用型としては広いほうなのです。

終わって駅のホームで電車を待っているとき、見学者の女性一人がやってきました。いっしょに電車に乗り話を聞いて「しまった!」と思ったのです。その女性が言うには「新聞に広告が出ていたでしょう、それを見たら入居金が600万円とあるので、安いと思い見にきたのですが、あんなにせまくてはとても夫婦で暮らせません」

見学会の出席者は、だれも老人ホームに「介護専用型」と「自立型」があることを知らなかったのです。前者は部屋がせまいので安く、後者は広くて高い。部屋の設備も自立型ならマンションと変わりないが、介護専用型は病院の個室と同じようなものです。それが分からなかったんだ! そこから説明をしなくちゃだめだったのだ、と後悔しきりでした。

埋め合わせにその女性には分かってもらおうと、介護専用型と自立型の違いなど説明に掛かったが、不思議そうな顔つきでどうも分からないらしい。そうこうするうち電車が着いてしまい、別れるほかなかったのですが、一般に誰でもここが非常に納得しにくいようです。老人ホームというと「介護」をしてくれるところという観念があって、どれも同じだと思うのでしょう。

有料老人ホームにも、福祉のホームにも、介護専用型と自立型の二種類があるということを、読者の皆様、ぜひ覚えておいてください。老人ホームを探すためには、ぜったい必要な基本的知識なのです。これが値段に関わりますので、まずご説明しましょう。

◆「自立型」の値段はこんな仕組み

福祉の施設の自立型は、第1章で説明した「軽費老人ホームA型」と「ケアハウス」ですので、そちらをご参照ください。ここでは有料老人ホームの「自立型」について解説します。

自立型の有料老人ホームは住宅型といってもよく、介護が必要でない、身の回りのことが自分でできる高齢者を対象としています。すでに介護が必要になった人は入れてくれません（そういう方は「介護専用型」になるわけです）。

元気だけれども高齢な入居者に対し、食事の提供その他、暮らしやすいようにいろいろなサービスをしてくれます。部屋は広く、一人部屋で30㎡くらいから、広いところは60、70㎡もあり、室内の設備はマンションと同様です。違うのは入居者の三度の食事を賄う広い厨房、食堂、大浴場、ストレッチャーの入るエレベーターなどの共同設備があることです。医療機関と提携していて、診療所または医務室を設けており、いざというときの緊急対応ができます。もし介護が必要となれば亡くなるまで、たとえ認知症になっても十分介護ができる体制を整えています。特定施設といって、介護保険で介護をしてくれるし、福祉施設の介護専用型である特別養護老人ホームでは、三人に一人の介護者が付くのに比べ、二人に一人を付ける手厚い体制を持つのがふつうです。

そのため、お値段はかなり高い。入居金というのは家賃の前払いなのですが、たいてい償却期間は10年です。10年以内に退居、ないし亡くなった場合は、規定の算定法で計算して、残金を返してくれますが、10年を過ぎると返金はありません。また最初に15%から20%くらいを償却してしまうところが多く、これは賃貸住宅の権利金にあたると思われます。まず入居金を償却期間の10年で割ってみてください。20%の権利金はどうせ取られてしまうのですから、それも含めて、入居金全額を10で割ります。

一例を挙げてみましょう。中級クラスのホームですが、43㎡の部屋に一人で入れば2800万円、二人で入ると600万円が上乗せになるという例です（同居した人の上乗せ分は共同設備の使用料にあたります）。共同設備は広い浴場だの診療所だの、ちょっとした病気のときの静養入院室だの、長期介護に備える介護室まであるので、マンションの家賃よりどうしても割高になってしまうのです。その共同設備のぶんを同居する二人目の入居者から取るわけです。これで介護保険より手厚い介護体制の、介護費も含むということでした。

では入居金を10で割ってみましょう。二人入居で3400万円、10年で割ると1年340万円、さらに12で割って月額28万3000円の家賃、ということになります。このホームは首都圏ではあるがはずれのほうですから、43㎡で月に28万は高いじゃないか、と誰でも思うでしょうが、共同設備がそうとう整っており、ホテル並みのぜいたくと言っていいほどで、これらを評価すればマンションより高くてもしかたがないでしょう。

その上もう一つ有利な点があります。それは10年後、償却期間が過ぎたらその後の家賃は取られないということです。20年住んだとすれば、家賃は半額の14万円になります。長く住めば住むほど得になるのがこの「終身利用権方式」なのです。

有料老人ホームの値段は立地や部屋の広さ、共同設備にどんなものがあるかで決まりますから、見学した上で、入居金を償却期間で割るという簡単な計算をして「ここなら安い」「ここでは高い」という判断をすることです。

償却期間は長いところで16～17年、ふつうは10年ですが、75歳以上で入る人には入居金の割引きをするところがあります。85歳以上ではさらに安くなる、というのもあります。余命が少ないわけですから、合理的だと思います。ただし償却期間は、7年から8年と短くなります。

毎月納める費用は食費と管理費ですが、この例のホームでは一人約13万円です。

高級なものになると、プールやゴルフの練習場、その他共同設備が多くなり、舞踏会のできる広い音楽ホールを見たこともあります。内部の装飾は豪華で、私のような貧乏性の者には居心地がよくないほどです。もちろんお値段は高く、一億円以上の部屋さえありました。毎月の費用は一人25万円以上でしょう。少し大都会を離れると、あまり高級なものはなく、入居金が安くなるのはマンションの値段と同様です。

これが自立型ですが、かなり違うのが介護専用型です。次にご説明しましょう。

◆「介護専用型」は入居金が安く、月々の費用が高い

ふつう介護保険の要介護認定を受けた人を対象にしています。しかし中には認定がなくても、高齢（80歳から90歳以上）で一人では暮らせない人を受け入れているホームもあります。自立型の場合は通常、自分で選んで入居を決めるものですが、介護専用型にはそんな人はほとんどいません。多くは病気になって入院した後、3カ月ほどして「治療は終わりましたから退院してください」と言われ、「とてももう自宅で生活はできない」と、家族に連れてこられた人たちです。

部屋は個室が主ですが、せまくて20㎡以下、4人部屋を持つところもあります。台所やバスルームは付いておらず、病院の個室といった感じです。共同設備は厨房、食堂、ロビー、浴室はもちろんありますが、音楽ホールだのゴルフの練習場だのはありません。生活を楽しむ場というより、介護を受ける場だからです。ただし誕生会だの夏祭り、新年会などの行事、生け花やかるたといったサークル活動は盛んで、入居者を楽しませ、元気をつけるような配慮はどこでもしています。

部屋がせまいため、家賃に当たる入居金は安くなります。ふつう500万円から1000万円、毎月の費用は、掃除から洗濯からフルサービスなので20万円前後です。広い部屋を持つところもありますが、そういうところは入居金が3千万円を超えたりして、自立型と変わらない値段になっています。

東京など大都会の中心部にあるものはやはり高いし、少し郊外なら安くなるのは当然ですが、もう一つ改装型というお安いのがあります。既存の建物（社員寮やホテルなど）を改装したもので、設置者が買い取っていることもあるし、持ち主から一括で借りている場合もあります。いずれも最

初の投資金が少なくて済むため、入居金が安いのです。50万円程度のものから、500万、600万円程度まではたいていこれです。

こういう施設は、どれだけよい運営と介護をしてくれるかが大切なので、建物が新築か中古かはそんなに問題になることではありません。結局入るほうにとってはお得ですから、部屋の広さが窮屈でなく、職員の対応や入居者の表情がよければ、選んで結構だと思います。さる大銀行の社員寮を改装したのを見ましたが、お安い割にとても高級感がありました。

それより気を付けなければならないのは、毎月の費用です。15万円以上のところをおすすめします。20万円が標準と見てよいので、15万円より2万も3万も安いところは、介護職員が少なくて待遇が悪いおそれがあります。建物の家賃である入居金より、むしろこちらに気を付けるべきです。

なお介護専用型では入居金の償却期間は短く、5年がほとんどです。要介護認定を受けられない健康な高齢者が入る場合、入居金が50パーセント増しになったりしますが（介護保険が取れないため）、償却期間は延びて7年くらいになるようです。余命が長いということでしょう。このほかにも料金体系にはいろいろバラエティがありますので、その仕組みをよく理解した上で入居を決めてください。単純に金額だけ比べて、高い安いは言えないものです。

◆二つの型を混同してはだめ

自立型と介護専用型の区別というのが、一般にとてもつきにくいようです。ホームの関係者は自明のことと思い、なぜ分からないかが分からないのですが、私は説明していていつも困難を感じます。

相談に見えた方が「もうあちこち見学しました」というので聞いてみると、新聞広告を見てとにかく見に行く。「子どもの世話にはなれないわね」と常日頃話している友人と一緒に行くのだそうです。見学してもらってきた資料を出すので、見るとどれも介護専用型です。元気な人の入るところではないから、「あなたは自分の足で歩いて入りたいのですか、それとも寝台自動車かなんかで、子どもに連れて行かれたいのですか、どっちです？」と聞いたら、「それは足で歩いて入りたい」という返事。「それならこんなところじゃありませんよ」と自立型を説明しましたが、

「でも安いほうがいいですから」

「それならケアハウスを見てごらんなさい」

と、いろいろ言ったが、頑固な人と見えて納得しません。もう頭の中に、老人ホームのイメージが介護専用型でできあがっているのです。相談は「ほうぼう見たけれど、どこがいいのか分からないから、教えて欲しい」というものでした。

どうもみなさん区別が付きにくいようですが、これはぜひとも付けていただきたいのです。そうしないと料金の仕組みも分からないし、なにが得か損かも分からないからです。

介護専用型について詳しくは、第6章をご参照ください。

■高齢者向け住宅の種類

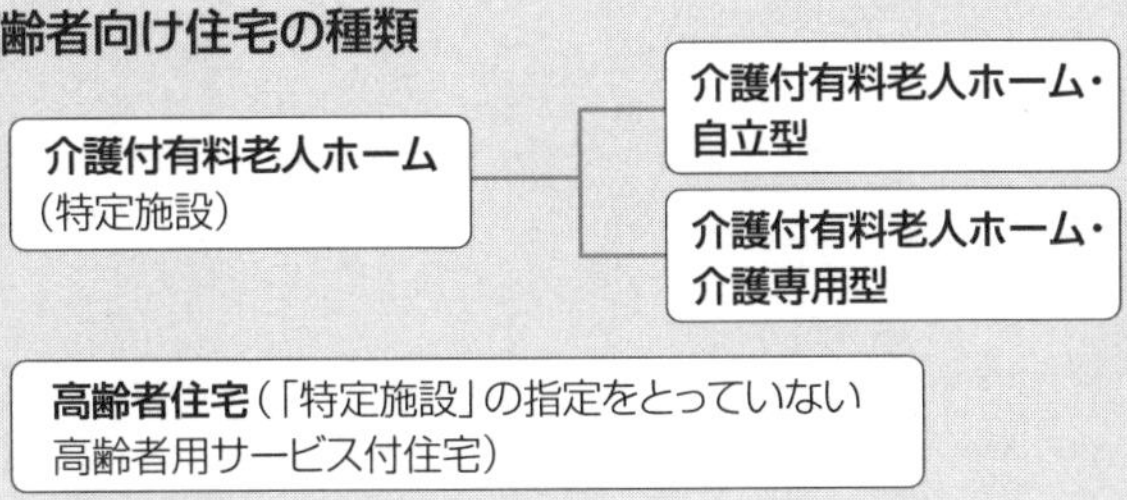

高齢者住宅と介護付有料老人ホームの違い

老人ホームには抵抗があるが（そんなところに入るのはわびしい）高齢者が安全に、便利に暮らせる高齢者用の住宅があれば入りたい。こういう考えの人が多いようです。どうも老人ホームにはマイナスイメージが付いて回ります。じつのところは高齢者住宅より、ホームのほうが老後の安心安全にはプラス面が多いのですが。

有料老人ホームと名乗る（表示する）には、「特定施設入所者生活介護」事業者として、自治体の指定を受けねばなりません。これは入所者に代わって介護保険を受け取り、介護をすることができるという、施設の資格なのです。もちろん介護職員の数や、施設内の設備など、定められた基準に合わせて整備しなければなりません。指定されたところは「終身介護」ができると称してよいので、これが「介護付有料老人ホーム（自立型、介護専用型の2タイプがある）」の表示なのです。指定を受けないで、この表示をすることは許されません。

この「特定施設」の指定が取れるのは有料老人ホームだけではなく、軽費老人ホームA型や、ケアハウスも取ることができ、じっさい取っているところも少数ながらあります。ケアハウスで一部の部屋だけ特定を取っているというところを見ましたが、介護が必要になったらそこに移せばいいので、うまい方法だと思いました。

さて高齢者住宅はどうかというと、特定を取っていないところが「高齢者住宅」なのです。「介護付」を称することができないので、高齢者住宅と名乗っているわけです。この分類でいくと、特定を取っていない軽費Aやケアハウスは、老人ホームであっても実態は高齢者住宅だということになります。しかし介護保険があるので、高齢者住宅でも介護ができないわけではありません。それなりの工夫があって、みな介護はやっているのです。民間の高齢者住宅でよくあるのは、同じ経営の、介護専用型のホーム（特定施設）をべつに持っていて、そこはそれなりに運営しており、高齢者住宅の入居者が重い介護状態になったら移すというもの。軽いうち（要介護1から3くらいまで）は併設しているか、提携している介護保険の在宅支援事業所にやってもらいます。ただし特定施設に移るときは新たにお金が掛かるのがふつうなので、いくら必要になるか確かめておくことです。

断っておきますが、老人ホームは医療機関ではないので、介護はできても病気の治療はできません。病気になれば入院することもあるわけですが、それを「病院に入れられた」「看てくれなかった」と文句を言う人があります。これは無理な話なので、混同してはいけません。高齢者住宅も提携している医療機関は必ずあり、そこから週何回か医師がきて診てくれたり、いざとなれば緊急対応もするなど、体制を整えています。どんなやりかたか、よく聞いておきましょう。

医療については特定施設である介護付有料老人ホームも、高齢者住宅も、おなじようなものですから、とくにどちらが安全というわけでもありません。介護については特定施設のほうが自前でやれるという利点はありますが、介護保険の事業所を併設している高齢者住宅でも、利用するほうからすればあまり違わないのではないでしょうか。

病院に併設されている介護付有料老人ホームがあります。安全だといって好む人が多いのですが、思わぬ落とし穴はその病院を信頼できなかった場合です。医師と患者は相性があるもので、医師と仲が悪くなってホームを出てしまった、という例も聞いています。ほかの病院は行けばいいようなものだが、併設だとちょっと行きにくいのでしょう。このへん注意しないとあとで厄介なことになりかねません。

結局介護付有料老人ホームのほうが、介護体制で勝っているとしても、高齢者住宅でもたいていの場合間に合うわけです。認知症がひどくなったらどうするかという問題はありますから、ぜったいの安全を求める人は、特定施設で、さらに認知症に対応できる体制を持つところを選ぶべきでしょう。しかし認知症になる人も、長期の重い介護を必要とする人も、そんなに多くはないのです（合わせて65歳以上の15％）。たいていの人は入退院を何度か繰り返して亡くなるので、高齢者住宅でも対応できます。こういう違いがあるのだということを、よく認識した上で選べばよいわけです。

◆入る理由はなんですか

介護付有料老人ホームにしてもハイクラス高齢者住宅にしても、高額な入居金を払って入るわけですから慎重になるのは当然ですが、なかには見学マニアというか、10以上もの施設を見て回って、結局決断が付かず入居できない人もあります。決断力のない性格なのかもしれませんが、たいてい入る理由がはっきりしていないのです。漠然と老後が不安で、老人ホームに入ったらそれが解消されるのではないか、と幸福の青い鳥探しをしているとなかなか決断がつきません。

入る理由が十分あるケースを挙げてみましょう。

① 75歳過ぎの一人暮らし、ことに80代に入っている人。自分では元気なつもりでも、だんだん生活が粗末になるし、危険もあります。

② 75歳過ぎた高齢の夫婦二人暮らし。どちらかが病気や怪我で介護が必要となれば、高齢なだけに負担が重すぎます。

③ 子どもが遠方に住んでいて、なにかあっても世話になれそうもない人。

④ 子どもがなく、親族もほとんどない、あっても疎遠な人。

⑤ 高齢だが仕事を持っている人。自宅にいては生活上の雑用が多いので、それが負担で仕事に支

障をきたすことになりますが、ホームに住めば続けられます。

こうした理由を持つ人たちは、入居して後悔することはあまりないでしょう。抱えている問題が解決されるからです。それに引き替え、子どもも近くにいて二世帯住宅を建てようか、老人ホームに入ろうかと迷っている人、自分自身のしたいことがなく、家族の世話をするのが生き甲斐だという人、今までと違う環境に入って、生活のパターンを変えるのが耐え難い人、高齢といってもまだ60代の人（老人ホームはふつう60歳から入れますが）、などは入ってから気が迷って、あれこれホームの欠点を探してしまうものです。

自分がどんな理由で入居したいか、よく考えてみてください。

◆手持ち資金のすべてを投じてはいけない

3000万円持っているからといって、3000万円の入居金を払ってはいけません。老人ホームをめぐる過去のトラブルに、入居していろいろ気に入らないところがでてきたが、「全財産を投じてしまった、出るに出られない」という訴えがかなりあったようです。「介護をしてくれるのだから、入院費用も出してくれると思ったのに」などという、常識はずれの不満もあったそうです。前述しましたが医療と介護は別なので、医療費まで出すわけはないのですが、「全財産を預けたのだから、一生を保証してくれるだろう」という思い込みを持つ人があったのです。

とにかく全財産を出してしまわないことです。手持ち資金の半額程度で入れるところを探しましょう。もしそれで入れるところがなかったら、ケアハウスを選んでください（第1章参照）。ぎりぎりの資金計画で入ると、将来なにか起こったときにたいへん困ります。

ところが有料老人ホームや、高齢者住宅の中には、自立型で部屋もそう狭くないのに1000万円程度で入れるところがあります。「これなら！」と飛びつく前に、月々の費用の内訳を見ることです。入居金の安いところはたいてい家賃が毎月付いています。1000万円クラスだと、月に7万円から10万円の家賃を取るようです。10万円なら1年120万円、10年で1200万円になるので、前納家賃である入居金と合わせれば2200万円になるでしょう。高額でも入居金だけで月々家賃を取られないところなら、償却期間を過ぎればあとの家賃はただになってしまいますが、毎月取られるほうはあいかわらず取られる。長く住めば損になります。この計算をしてから決めて下さい。

例えば高齢（80歳以上）で、持ち家を売りたくない、貸して移りたい（子どもを入れて家賃を取ってもいいでしょう）というケースならお薦めします。それでも20年は家賃を取られると思って計算してみることです。家賃の値上げもあるかも知れません。

◆決め手は雰囲気

介護してもらえるかどうかと、そればかり気にする人があります。もちろん介護職員の人数や、提携病院との関係、、看護師は常駐か、医師は週に何回くるのかなど、病気に備えてそのホームの体制を確かめておくことは必要です。しかし自立型の場合、健康で過ごす時間のほうが長いわけですから、そっちを忘れてはいけません。毎日楽しく生活するには、自分の好みに合った住まい、気の合う友達、口に合う食事など、こうあって欲しいという希望があるはずです。それから、そばにスポーツジムがあって欲しい、図書館がなければいやだ、コンビニがなければ困る、など周りの環境への要望もあるでしょう。カラオケはやれるか、ゴルフはどうだ、音楽会に行くのが趣味、歌舞伎を毎月見たい、そんなことも忘れてはいけません。とかくホームに入ることを人生の店じまいのように思って、ただただ介護のことしか頭にない人が多いのは残念です。高齢者住宅も含めて、自立型ホームは晩年を充実して過ごすところで、施設側もいろいろ配慮をしています。こういう面を忘れて入るから、あとで不平が出るのです。

入居者の中には仕事を持ってよく出掛ける人、毎日のように「通勤」している人さえいます。90歳すぎまで、週2回1時間近くバスに乗って、謡いを教えに行っていた入居者に会ったこともあります。生涯現役というのも、こういうところに入っていればこそ実行できるわけで、ぜひ入居のメリットを活用してください。そのためにも交通の便は重要ですから、自分の行きたいところへ行ける方法、時間をよく検討することです。

◆譲れない条件を詰める

お金の条件は誰でも詰めやすいが、世の中には案外自分が何をしたいのか、何が生き甲斐なのか分からない人がいます。夫は外でとにかく働いて家族を養ってきた、妻は家でけんめいに良妻賢母を実行してきた、年を取って子どもが独立し、役割がなくなったら茫然としてしまった、という話はよく聞きます。そういう人に、施設に入ってからの生き方や何が譲れない条件か、などと聞いても答えることは難しいでしょう。それなら、とにかく子どもや孫に頻繁に逢える場所の施設に入るべきです。家族が生き甲斐なのですから。おそらくそれだけで気持ちは安定するでしょう。

さてあなたの条件はなんですか?

ペットがいる。とても別れることはできない。という条件もあります。ペットの飼えるところはあまりないけれども、少数ながら探せばあります。

仕事を持っていて、毎日ではないが通勤したい。それなら勤め先に近いところでなければなりません。週2日だから遠くても通えるだろう、と甘く見て、リゾート地などにいかないことです。

これから余暇を、野菜作りや花作りをして過ごしたいというなら、農園や借り畑を持つ施設はかなりあります。ペットより容易でしょう。

毎日まずい料理が出ちゃあ堪らない、というグルメ志向の人は料理に力を入れているところを探してください。ほうぼう見学して食べ歩けば、案外見つかります。食器にこだわる人もいる、見学会でメラミンの食器が出たといって、どこもこれだろうとすべてのホームを見限ってしまったりします。でも探せば「陶磁器でそろえています」というところはあります。

こういう細かいことが、案外大問題に発展するので、いやなところが二つか三つ重なると、すべてが悪く見えてきてしまう。あら探しを始めれば、どこのホームにだって欠点はあります。高齢者は心理的にバランスを崩しがちですから、人生の明るい面を見るような努力も必要でしょうが、ホーム選びに当たっては生活の具体的な条件を、すみずみまで詰めることが成功の秘訣と言えます。

◆マンションを買うように買い取れるホーム

「何千万円も出して、10年でゼロになるなんて納得がいかない。マンションなら買えるじゃないか」と思う人はかなりいるでしょう。そういう人が魅力を感ずる買い取りの高齢者住宅があります。

もっぱらやっているのは中銀という株式会社で、中央区銀座に本社があり、それで中銀というのだそうです。ほかにもないわけではないが、1、2カ所で(中銀と同じく全国有料老人ホーム協会に加盟しているのは、小金井ヘルス・ケア・マンションと逗子ヘルス・ケア・マンション)、中銀のように多数建てているところはありません。

札幌に2棟、千葉に1棟、熱海に12棟、横浜に1棟あり、1棟の定員100人から300人以上の大きな規模です。中銀ライフケア横浜(港北)は162ページにルポを載せました。

こういう買い取りのものは、所有権分譲方式・中高齢者専用住宅といって、有料老人ホームではありません。全国有料老人ホーム協会の『輝』というガイドブックにも、「有料老人ホーム類似施設」として別に分類されています。類似ですから似ても似つかないようなものではなく、内容はハイクラスの有料とほとんど変わりません。

やはり所有権を持つと、終身利用権に比べてよい点があるのでしょうか。これはまったく善し悪しで、まず買うときに不動産仲介手数料、不動産取得税を取られます。それからマンションと同じく、補修のための積立金が必要で、取得したとなれば固定資産税が掛かります。また所有者が亡くなれば相続人が相続しますので、一見得のようですが、きょうだいが何人かで相続したり、遠くに住んでいて利用できなかったりすると売るほかないわけです。しかし不動産の売買はそう右から左とはいかず、毎月管理費を取られますので、相続人としては迷惑することもあり得ます。所有権はあの世へは持って行けない、ということを忘れてはいけません。終身利用権なら後腐れはないのですが。

こうしたマイナス面もあるわけですが、一方プラス面もあります。中古品なのでお値段が安い、有料老人ホームがふつうのマンションより高額なのは、共同設備の値段が加算されるためですが、同じく立派な共同設備を持ちながら、買い取りのホームは中古マンション並に値段が落ちます。終身利用権では遺族になにも残らないが、これはいくらかでも残るので、売れさえすれば得だという感じで相続人が安く売るのかもしれません。終身利用権は中古だからといって下がることはなく、むしろ物価に合わせて上がっていきます。それを考えたら、買い取りの中古はなかなかお買い得と言えるでしょう。

相続問題は法定相続人に限定しないで、友人など欲しいという人を見付けて公正証書の遺言状を作るという手もあります。法定相続人（子ども、孫、甥姪など）とよく相談して対処することです。

◆買い取りホームの介護体制

介護付有料老人ホームは安心の介護体制が売り物ですが、高齢者住宅に過ぎない買い取りホームはどんな介護ができるのでしょうか。

中銀ライフケア熱海がなかなかよくやっているので、その例をあげます。これと比較してどうか、他の物件については判断してください。

株式会社中銀ライフケア熱海は、温泉地静岡県熱海市に12棟の高齢者向けマンションを展開しています。うち10棟が温泉大浴場付です（2棟は大浴場はあるが温泉ではない）。55歳以上で入れるので、若いうちは別荘にしておき（定住しなくてもよい）リタイアしたら入るというのが上手な使い方でしょう。

この会社は介護サービスセンターを設立、居宅介護支援事業者、訪問介護事業者の指定を取っています。介護保険を使って在宅介護をする体制を調えているわけです。居室にはもちろん緊急通報装置を備え、看護師さんが常駐する健康管理室があり、宿直もしています。またこの管理室には協力医が月2回来て、健康相談に応じてくれます。

重い介護状態となって、在宅では無理というような場合、受け皿として同地に中銀ケアホテルを持っており、ここは介護付有料老人ホームの介護専用型で、終身介護ができます。あらかじめ費用を500万円払っておくと、特別会員（もちろんマンションの買い主に限る）としていざというときケアホテルを利用できるのです。もし必要がなかったら、500万円のうち保証金の300万円は返金されます。

５００万円はこうした介護施設としてはずいぶんお安い入居金ですし、病院で亡くなったり急死したりすれば３００万円返ってくる、良心的な運営だと思います。提携病院が複数あり、中銀ケアホテル内にも診療所があって、送迎バスが出ています。

まずほとんどの事態に対応できる体制ですから、他の場合もこれと比べてみてください。

◎情報の手に入れ方◎

新聞広告というのがいちばん目立つ情報でしょう。これは介護専用型が多いのです。現在成長産業で、競争も激化しているところから、よく広告が出ます。今は元気だが、将来のために自立型を探している人は、気を付けてください。見分ける決め手は居室の広さです。ひどく小さな字で隅のほうに、定員とか所在地とか書いてある中を探すと、居室が15㎡から20㎡などとあるなら介護専用型です。自立型は30㎡から80㎡などふつうのマンションに見合う広さですから、だいたいこれで分かります。

最近は自立型が介護居室（どこでも入居者が、重い介護状態になったら移すために設けている）に、すでに要介護状態の人を受け入れはじめているようです。自立の人たちが移ってくるのを待っていても、空き部屋ができてしまうこともあるし、一般の需要はこちらのほうが多いので、商売としては当然思い付くところでしょう。従来から少数ですが、自立と介護混合型というのがあって、人気がありました。たとえば夫婦二人暮らしでどちらかが倒れ、介護しているほうが共倒れになりそうだとか、仲のよい夫婦で一人だけ施設には入れたくない、というような場合に二人揃って入れるわけです。こういうものが増えてきているようです。

新聞広告を大々的に出しているホームは、おおむね新しくて入居者募集中のところです。介護専用型にせよ自立型にせよ、新しいところは未経験な会社かも知れないので、経歴に注意してください。もとからいくつかの有料老人ホームを経営してきているとか、社会福祉法人として福祉施設を運営してきたなどはけっこうですが、まったくほかの業種（たとえば建設業）から、「儲かるだろう」というので乗り込んだ、とすればやはり要注意でしょう。大規模な系列のホームもありますが、大規模だからいいということはないし、大規模だからダメということもないので、とにかく入りたい場所のものを見に行って、雰囲気が明るく、印象のよいものならけっこうです。系列ホームといっても要は人材ですから、一つ一つ違うと思ってください。

次に新聞の報道記事も目立つ情報ですが、これはあまりあてにしないほうがよい。新聞記者というのは毎日多様な取材に追われているので、政治や経済はいざ知らず、老人ホームのことなどほとんど分からないのです。記者の年齢が若いということもあり、取材をしても理解が行き届きません。先入観で書いたりもするので、危ない情報が多いのです。テレビも全く同様です。

これに比べると雑誌のほうがましで、これは取材源の人がチェックする時間の余裕があり、取材もていねいです。しかし取材源が偏っていたりすることはあります。記者はもちろん若いですから、なかなか理解が難しいのは新聞・テレビと同じです。

やはり積極的に出ないと質のよい情報は集まりません。インターネットでリストを手に入れたり、ガイドブックを見たり、入居相談の窓口に問い合わせるなどして、まず的を絞り、それから現場を見に行くことです。たいへんなようですが、見なければ分からないものです。的を絞るには、まず条件を詰めてみて、それに合ったところを選ぶこと。例えば子どもの家から近いとか、できるだけ広い部屋がよいとか、駅から徒歩何分以内とか、条件にあったホームを見に行けば、そうたくさん回らないでも済みます。

◎相談の窓口

社団法人　全国有料老人ホーム協会　TEL03―3548―1077（入居相談）

株式会社グループわいふ　老人ホーム情報センター　TEL03―3235―2854

無料電話相談日　毎週金曜日　AM11時からPM5時まで

来所相談　毎週火曜日　予約が必要です。料金3000円

株式会社ニュー・ライフ・フロンティア　介護情報館・シニア住宅情報館

相談無料　TEL03―5730―9046　FAX03―5730―9047

株式会社タムラプランニング＆オペレーティング　高齢者住宅入居相談センター
問い合わせ　TEL03―3292―1107　AM9時30分からPM5時30分まで（土日祝休）

〈増えている相談窓口〉

最近インターネットのホームページに「有料老人ホームの検索や相談をします、メールでも面談でも相談無料」とうたっているところが増えています。これはたいてい広告会社か、他の業種の会社ならその広告部です。有料老人ホームから広告料や紹介料をもらって営業しているわけで、新聞や雑誌の広告と同じことなのです。広告だから信用ならないというわけではなく、情報を得るためにはぜひ必要な媒体ですが、広告だということは心得て相談すること。新聞や雑誌、テレビの広告を見る場合と同じに考えてください。

その会社がどんな会社かは、ホームページを見ると概要がつかめます。見ても自分で分からなければ、分かりそうな人の意見を聞いてみるといいでしょう。

ルポ

すばらしい眺望、いっぺんでここに決めました

介護付有料老人ホーム【宝塚エデンの園】

（兵庫県宝塚市・入居一時金1720万～6250万円＋特別介護金189万円＋健康管理金126万円　月額12万9675円（管理費＋30日分の食費）＋光熱費等～）

中央玄関を入ってエントランスロビーに立ったとき、例えは適切ではないかもしれませんが、巨大な宇宙ステーションのイメージがわいてきました。宇宙ステーションは人間の生活に必要なすべての設備・環境を備え、それ自体が一つの生き物のように機能しています。

宝塚エデンの園でもおおきな建物の中にそれぞれの居住空間、各専門機関があり、それらが有機的につながって連動しているさまは宇宙ステーションのようでもあり、一つの街のようでもありました。現在に至るまでの歴史、積み重ねてきた年輪を感じさせられます。

●「はじめから、ええとこなんてない」

入居者、職員、植木屋などの出入りの業者が混然一体となって調和がとれ、このホーム独自の雰囲気が作られています。

しかし、ここに至るまでのホームの道のりは平坦ではありませんでした。

「はじめから、ええとこなんてない、と夫が申しましてね、入居者とエデンの園の事業団が一緒になってホームをよくしていくんだ、と」

お話しくださったのは、86歳の女性Nさん。昭和54年の開設以来の入居者です。

当初Nさんは設置・運営している聖隷福祉事業団が、どんなところかまったく知りませんでした。一泊で、浜松の本部や事業内容を見学し、創始者である長谷川保氏の自宅前を通り、「これだけの事業をしていたら、どんな生活でもできるだろうに、非常に質素な家」で、〝ここなら大丈夫だろう〟と思ったそうです。長谷川保氏の著書にも感銘を受けました。

ところが、「入ってみたら実際は違いました。今は有料老人ホームもたくさんできていますが、26年前は少なくてなんの規制もない。パンフレットでは医者やカウンセラーが常駐している、一生看ます、と立派な楽園を謳っていましたけれど、入居金には介護費は含まれないとの説明に、これはおかしい、パンフレット通りになっていないじゃないか」ということで紛糾したそうです。入居者のなかに改革急進派と穏便派ができ、「この時期はずいぶん嫌な思いをしましたね。でも事業団の本部が入居者の声を真摯に聴いてくれました」。

●マンション感覚

宝塚エデンの園のご意見番的な存在、Nさんは病院ボランティアに35年間かかわり、日本病院ボランティア協会の会長までつとめました。ホームに住みながら、73歳の定年まで家庭裁判所の調停委員を、その後は請われて宝塚市役所の家庭問題相談員になったそうです。10年前に最愛のご主人を亡くし、「はじめは寂しくって、3回忌まではダメでしたね」。今はコーラスに詩吟、日曜日は教会へ行き、気功、囲碁と、「こんなに気楽にさせてもらっていいのかしら」と思うほど。

さて、そんなNさんたち先人のならした道を入ってこられたM夫妻。ご主人74歳、奥様65歳。入居4年目です。

「ここは老人ホームというよりマンション感覚ですわ。いずれはホームへ入るつもりやったから、マンションのローンを払っていくよりここで管理費を払うほうが得でしょ。マンションはトラブルが多いし、まえは町医者しか知らんかったけど、ここは診療所があるし、スポーツジムもある」とご主人。

以前は病気知らずでしたが、入居後2年目くらいから立て続けに大腸ガンと前立腺の手術、内直筋緊縮という目の病気でも手術をしたそうです。奥様は糖尿病のためジムをフル活用して運動療法中とか。ホームでの生活は入居前とあまり変わらず、「部屋へ入ったら自分たちの世界」。食事は、昼食のみ食堂を利用して、あとは時間に縛られるのが嫌で自炊だそうです。

●「いっぺんに安らぎがふえた」

阪急逆瀬川駅の、こじんまりした駅舎からバスに揺られること約14分。逆瀬川にそって緩やかに山を登った終点に宝塚エデンの園はあります。六甲山系の懐に抱かれ、爽やかでどこか懐かしい空気と澄んだ青空、濃い緑に囲まれ、眼下には大阪市街地が広がる…。この絶好のロケーションに魅せられて入居する人もいるそうです。

Oさん（77歳男性、入居5年目）もその一人。入居を検討するにあたって3カ所の有料ホームを見学しました。最初は新しい建物の別のホームを希望していましたが、宝塚エデンの園の環境を見て即入居を決めました。「ここはええなあァ。他所と環境が全然違う」。生活も年金で十分にまかなえ、100通り以上の六甲山の登山道を踏破している山好きなOさんにとって、申し分のない環境です。

入居前は肝機能障害による発熱で2回入院しました。「3回目に入院したら、死ぬなァ」と思ったそうです。でも入居後の5年間は一度も発熱がなく、「まず食事がいい。いっぺんに安らぎがふえた」とのこと。

2階と3階に介護居室が50室ありました。Oさんは、今一番つらいのは認知症になることだと話してくださいましたが、認知症の介護をどのようにおこなうかは、公的ホーム、有料老人ホームを問わず熱心な取組みが行われています。有料老人ホームは建物や運営面、理念などあらゆる面において、公的老人ホームの先をいく存在のように思います。有料老人ホームの介護室が、認知症になっても〝あそこに住んでもええなあァ〟と思えるような明るい空間になり、公的なホームのモデルになれたらと思ったことでした。

（井口　和）

宝塚エデンの園
（介護付有料老人ホーム）

事業主体／社会福祉法人　聖隷福祉事業団
開設／昭和54年4月
〒665-0025兵庫県宝塚市ゆずり葉台3丁目1-1
TEL 0797-76-3800

●交通　阪急今津線逆瀬川駅よりタクシー7分、バス14分「エデンの園」下車後徒歩1分（30m）。JR「宝塚駅」よりタクシー15分（6km）。
●建物　鉄筋コンクリート造5階建2棟、4階建1棟、3階建1棟、地下2階地上13階建1棟。
●定員　551名
●居室総数　408室（一般居室358室・介護居室50室）
●費用　入居一時金1,720万円～6,250万円（非課税）。2人入居は1,100万円（非課税）追加。特別介護費189万円／1人（税込）、健康管理金126万円／1人（税込）。満10年未満で契約解除の場合、入居契約月数に応じて費用の一部を返還。入居契約後90日を経過した場合、15％は返還しない。月払い利用料（税込）は、管理費：72,975円（2人入居114,450円）、食費：56,700円（1日3食30日食べた場合）、電気、電話、水道・給湯料、駐車場等実費
●入居について　満60歳以上の方（夫婦で入居の場合は、どちらかが満60歳以上で、もう一方が満50歳以上であること）。身のまわりの食事、排泄、入浴、掃除、洗濯、買物等がご自分でできる方（入居契約時自立）。身元引受人（入居者の親族を原則とします）をたてられる方。
●居室　5つの棟にわかれており、部屋のタイプはそれぞれ異なる（32.09㎡～81.99㎡）。緊急連絡装置、生活リズムセンサー、防災装備、手すり付浴室、電磁調理器付システムキッチン、ハンドシャワー付洗面台、暖房便座＆温水シャワー付トイレ等
●共用施設　大浴場、介助浴室、食堂、デイケアルーム、プレイルーム、健康管理室、ゲストルーム、ビデオシアター、多目的ホール、温水プール、フィットネスルーム等（下線の共用施設の一部は「ふるさと健康長寿のまちづくり事業」の一環として地域の方々も共に利用される場合があります。）
●食事　栄養士が健康に気を配っています。治療食や介護食にも対応。
●併設施設　宝塚エデンの園附属診療所（地域住民も利用します。入居者が優先的に治療などを受けられるものではありません。）（C棟2階）
●詳細はホームページ（http://www.seirei.or.jp/eden/）か、園に問い合わせて下さい。

ルポ

安心のノウハウが結集した老舗ホーム

介護付有料老人ホーム【油壺エデンの園】

（神奈川県三浦市・入居金2150万～7620万円＋特別介護金262万5月額12万7575円（管理費＋30日分の食費）＋光熱費等）

●環境と食に恵まれた三浦半島に420室

横浜駅から京浜急行（快特）で約47分。海と緑に囲まれた三浦半島の三崎口駅から5・7キロメートルの高台に、聖隷福祉事業団が設置・運営する介護付有料老人ホーム「油壺エデンの園」があります。広大な敷地には昭和61年に開設された5階建ての1～7号館と平成15年に増設となった8、9号館、さらに介護棟や共用棟などが。一般居室390室、日常的に介護が必要になった場合の介護居室が30室あります。一般居室は32・4～88・95平方メートルで、広さも雰囲気も一般的なマンションと変わりがありません。全29タイプの居室には浴室やキッチン、緊急連絡装置などが設置されています。

共用施設は食堂・大浴場・多目的ホール・クラブ室が各2カ所に、ほかに茶室和室・図書室・喫茶・売店（テナント）・ケアサロン・リラクゼーションルーム・銀行相談室・ATMまで揃い、施設の充実は大規模ホームならでは。

「絵画、木彫、コーラス、マージャン、社交ダンス、太極拳……。多目的ホール

◎高台に建つ油壺エデンの園

やクラブ室では入居者の方が自主運営しているさまざまなサークル活動（会費が必要なサークルもあります）が行われています」と夏目芳宏園長。さらに、年間を通して館内ではビデオ劇場やコンサート、講演など園のイベントも行われています。なかでも、大盛況なのが隣接している「白須児童公園」で行われる納涼祭。「地域からも200人以上が参加し、地域一体で盛り上がります」

また、同一建物内に入院設備を整えた油壺エデンの園附属診療所（地域住民も利用。入居者が優先的に治療などを受けられるものではありません）が開業しています。附属診療所には医師・看護師が勤務しているため、いざという時も安心です。

施設はもとより、眺望もここの魅力の一つといえるでしょう。眼下にヨットハーバー、海の向こうに伊豆大島や江ノ島、天気がよければ富士山の雄姿が一望できます。

風光明媚な環境で気候が温暖、空気もよい三浦半島。よい環境はよい食材も育てます。食事がおいしく、楽しみの多いホームです。

●自由と〝大きな家族〟の温かさが魅力

また、駅まで園バスがあるので外出もしやすい。平日1日12便の園バス（別途費用負担なし、土日は午前の み5便、祝日運休）のほかに、三崎口駅への一般バスの停留所までは徒歩約15分。園から三崎口駅までタクシー約10分なので、入居者の多くが気軽に外出しています。市川てる子さん（78歳）もそのひとり。教会の礼拝、趣味の写真の撮影会……。月3回は東京、横浜や横須賀に行くことも多い。さらに、週に一度は園バスを使って隣駅にあるリゾートホテル「マホロバマインズ三浦」へでかけ、そこのプールで泳いでいるそうです。

「毎日が忙しくて」と笑う市川さんは、油壺エデンの園の開設と同時に入居した人。

「浜名湖エデンの園（昭和48年開設、静岡県浜松市）を紹介したテレビを観て、主人が『こういうところは安心』と。油壺にエデンの園ができると聞き、すぐに申し込んだんです」

そして、入居して19年。「看護師さん、ヘルパーさん、事務の人……。ここはスタッフが温かい」

●病気への不安から老後の安心を求めて

同じように、〝安心〟をホーム選びのポイントに据えたのが小泉さん夫婦です。

「私も女房も病気がち。二人が病気になったらどうしよう、と思ってホームへの入居を考えました。介護が必要になった時にどんな対応をしてくれるのか？　最も重視したのが老後の安心です」とご主人の敏恭さん（72歳）。そして、妻の矩子さん（65歳）とともにいくつかのホームに体験入居なさったとか。

「外見は地味だけど、ここが『いちばんしっかりしていて安心』の印象を持ちました。住んでいた家が売れず、夫婦二人分の入居金が用意できなかったので私が先に、家の売却後、妻が入居することにしました」

敏恭さんの入居後1年は、夫婦で家とエデンの園を行ったり来たり。食事し、大浴場に入り、矩子さんは太極拳のサークルにも参加するなど別荘感覚で利用していました。そして、平成17年5月に矩子さんも園へ。

「1年かけて入居の準備をしてきたつもり。それでも住み慣れた家を離れるのは寂しかったですね。でも、病気になってしまったら園に移ることもできません。今が一番いい入居時期だったと思います」（矩子さん）

「個人の自由はもちろん、それぞれの人生で培われた感性や経験を尊重したサービスを心がけています。日常的に身体的介護が必要になった場合は本人の同意のもと介護居室に住み替えになり、十分な介護が受けられます。元気な時から〝その人なり〟を知っているスタッフが担当しますので、〝その人なり〟を継続した介護が可能になります」（夏目園長）

聖隷福祉事業団が浜名湖に最初のエデンの園を作って33年、油壺に開設して19年。介護のノウハウの蓄積とキリスト教精神に基づく「隣人愛（自分を愛するように隣人を愛しなさい）」の精神が、そんな適度な自由と安心を備えたホームを作り上げています。

（佐藤ゆかり）

油壺エデンの園
（介護付有料老人ホーム）

事業主体／社会福祉法人聖隷福祉事業団
開設／昭和61年11月
〒238-0224神奈川県三浦市三崎町諸磯1500
TEL 046-881-2150

●交通　京浜急行「三崎口駅」よりタクシー10分、京浜急行バス15分（4.5km）「シーボニア入口」下車徒歩15分（1.2km）。

●建物　1～9号館・介護共用棟：鉄筋コンクリート造（PC工法）5階建、共用棟：鉄筋コンクリート造地下1階地上4階建、南共用棟：鉄筋コンクリート造地下2階地上2階建

●定員　550名（1日3食毎日食べた場合）

●居室総数　420室（一般居室390室・介護居室30室）

●費用　入居一時金2,150万円～7,620万円（2人入居の場合は1,000万円追加）、特別介護金262万5千円/1人。満10年未満で契約解除した場合、月数に応じて入居一時金と特別介護金の一部を返還。入居契約後90日を経過した場合、15%は返還せず。月払い利用料は、管理費：77,175円（2人入居107,625円）、食費：50,400円（1日3食30日食べた場合）、居室における水道、給湯、電気、電話、暖房料、使用する場合の駐車料など。

●入居について　満60歳以上の方（夫婦入居の場合、どちらかが満60歳以上で、もう一方が満50歳以上であること）。食事、排泄、入浴、掃除、洗濯、買物等が自分でできる方（入居契約時自立）。身元引受人（親族・成年後見人）をたてられる方。

●居室　部屋のタイプは32.40m_～88.95m_。緊急連絡装置・生活リズムセンサー・防災装備・電磁調理器付システムキッチン・ハンドシャワー付洗面台・暖房便座＆温水シャワー付トイレ・手すり付浴室・大型電源スイッチ類・インターホン

●共用施設　大浴場、一時介護室、ケアサロン、健康管理室、介助浴室、図書室、多目的ホール、相談室、クラブ室、銀行相談室、リラクゼーションルーム等

●食事　栄養士が健康に気を配り、医師の指示による治療食や介護食も必要に応じ提供。

●併設施設　油壺エデンの園附属診療所（同一法人が園とは別に設置運営）

●詳細はホームページか、園に問い合わせて下さい。

ルポ

高齢になるほど有利、ユニークな入居金の仕組み

介護付有料老人ホーム【敬老園ロイヤルヴィラ東京武蔵野】

（東京都武蔵野市・入居金1220万円〜
月額費用18万2700円＋光熱費等〜）

東京都武蔵野市といえば、住みたい町を選ぶアンケートでいつも上位に登場する町です。市内の吉祥寺は、デパートやレストランが並びあらゆる世代に人気のあるスポット。学者や芸術家が数多く住む知的な雰囲気、緑の多い環境にも人気があります。

こういう環境のいい町の有料老人ホームで暮らせるのは、特別に裕福な人だけではないかと思えます。そこへ「レベルの高いホームだけど、年を取ってから入る人には入居金がずいぶん安くなるところがある」という耳寄りな話を聞きました。

◎外観

◎居室例

●高齢になれば安くなる入居金

ユニークな入居金の設定で話題になっているのは「敬老園ロイヤルヴィラ東京武蔵野」という介護付有料老

人ホームです。約28平方メートル規模の部屋に75歳以下の人が入居するときは、入居金は2680万円から2820万円。ところが同じ広さの部屋に80歳になって入居するなら、1730万円から2270万円と、負担が大きく軽減されます。85歳になれば1620万円から1670万円の水準にまで下がります。年齢が高くなるにつれて入居金を安くし、そのかわり償却期間を短くするしくみなのです。食費や管理費を含む月々の利用料は、一人なら18万円余り、二人で29万円余りです。

敬老園が経営するホームは、年齢により入居金の額に大きな差をつけているのが特色です。このシステムは、あまり預金額が多くない人や、家屋敷の売却を避けたい人にも入居の機会を与えてくれます。

敬老園の事業主体は宗教法人阿弥陀寺。千葉市にある浄土真宗のお寺のご住職が、母親の介護をしたことがきっかけで、この事業を始めました。千葉県を中心に北海道・茨城・東京にロイヤルヴィラの名を持つ自立型ホームを7カ所、ナーシングヴィラという介護専用型ホームを3カ所開設しています。

●住宅としての質の高さ

有料老人ホーム「敬老園ロイヤルヴィラ東京武蔵野」を実際に訪問してみました。JR三鷹駅前からバスに乗ればあっという間に着きます。歩いても15分くらいでしょう。

ホームの外見は、都会的な高級マンションそのもの。最初は建物の前を通りすぎてしまい、もどってからこれが訪問先のホームだったとわかりました。

園長の宮田弥さんのお話では、この建物は分譲用の高齢者住宅として建設され、バブル崩壊で事業主体が倒産したあとを、敬老園が引き継いて有料老人ホームにしたといういきさつがあったとか。高額物件として分譲する計画であったため、全体がぜいたくな構造で、バリアフリーの面でも十分配慮がなされています。

居室は、浴室やキッチンなども分譲住宅の設計らしく本格的に作られています。隣室との壁も厚く、プライバシー面でも安心です。また老人ホームでは不足しがちな収納部分が大きく、ウォークインクロゼットのついた部屋もあります。一方で大浴場や食堂などの共同設備も充実しています。

開設時の事情が幸いして、入居者に快適な住まいが提供されているのです。

●ホームを拠点に自由な生活を

ロイヤルヴィラ東京武蔵野の入居者には、中央線沿線に愛着があってここから離れられない人が多いといいます。都会の住人は、自治体よりも路線にふるさと意識を持つのでしょう。

このホームから最寄りの三鷹駅へ出れば、東へ一駅で吉祥寺駅があり、そのまま一本で新宿駅や東京駅に出られます。芝居やコンサート、スポーツ観戦に出かけるのも思いのまま。また習い事なら何でもそろっている土地柄なので、やりたかった趣味に打ちこむのも便利です。

ホームの中にも、参加自由でさまざまな楽しみが用意されています。書道、フラワーアレンジメント、コーラス、健康体操などの会が定期的に開かれます。

一人で出かける自信がなくなったとしても、職員がつきそって吉祥寺駅周辺へのショッピング、公園散策や外食会に出かけたりするなど、さまざまな外出の機会が設けられています。また予約すれば、訪問歯科、訪問理容・美容のサービスを受けられるのです。

ホームの生活で大切なのは毎日の食事です。ここでは、利用者が参加する運営懇談会の場などで、食事に関する意見を聞いて取り入れています。質の高い食事を出すために、評判のいい業者に委託先を変更するなど、積極的で柔軟な運営をしているそうです。

またこのホームは、特定施設入所者生活介護事業所として指定されているので、介護が必要な状態になったら介護保険のサービスが受けられます。また別料金で、遠方の病院への看護師やヘルパーの付き添いなど、介護保険外のサービスも受けることができます。

訪問した日も、車イスに座った入居者たちがロビーに集まり、ボランティアスタッフと一緒に歌を歌いながら手を打ち合わせ、にぎやかな笑い声があがっているところでした。健康なときも弱ったときも快適に暮らせる条件を整備しようと努力している施設だと思いました。

（鈴木由美子）

敬老園ロイヤルヴィラ東京武蔵野
（介護付有料老人ホーム）

設置主体／宗教法人　阿弥陀寺
開設／平成6年10月1日
〒180-0013東京都武蔵野市西久保3-2-3
TEL 0422-55-0088

●交通　JR中央線「三鷹駅」より関東バスで「保健所前」下車徒歩1分
●建物　鉄骨造地上6階建
●定員　79人
●居室数　64室（うち2名用居室15室）
●費用　75歳以下の場合、入居一時金は1人入居の場合1,220万円〜5,100万円、2人入居の場合3,140万円〜5,720万円（償却期間は10年）。居室・年齢により金額、償却期間は異なる。月額利用料は管理費（1人入居の場合126,000円、2人入居の場合178,500円）、食費（1か月で概ね56,700円/1人）、水道光熱費、電話料、個別サービス費等は実費負担。
●入居について　60歳以上で身の回りのことが自分でできる程度の健康状態の方。身元引受人が必要。2人入居の場合は夫婦、親子、兄弟姉妹に限る。
●居室　広さは23.39㎡（1K）〜48.06㎡（1DK）。冷暖房完備、衛星放送、スプリンクラー、生活リズムセンサー、集中管理システム、ベランダ、緊急コール、キッチン、バス、トイレ、電話回線
●共用施設　食堂、健康管理室、浴場（男女別）、談話室、機能回復訓練室（リビングルームと共用）、和室、洗濯室、駐車場、中庭
●食事　1日3食(定食方式)、各テーブル、居室へ配膳。特別食あり。居室のキッチンで自炊も可能。

ルポ

新しい試み、さまざまな世代が共に住む多世代複合型ハウス

介護付有料老人ホーム

【ライフ&シニアハウス日暮里】

（東京都荒川区・入居金1670万円～
月額費用14万8000円＋光熱費等～）

有料老人ホーム「ライフ&シニアハウス日暮里」の敷地内に入ると、にぎやかな声をあげながら散歩に出ていく保育園児たちとすれ違いました。そこへコンビニの袋を手にした年配の男性が帰ってきて、「行ってらっしゃーい！」と孫に対するような親しげな声をかけ、大きな建物の中に入って行きます。

●赤ちゃんも高齢者も一緒に暮らすコミュニティ

「ライフ&シニアハウス日暮里」は、元気な高齢者が入居するライフハウスと、介護を要する高齢者のためのシニアハウスからなる有料老人ホームです。このホームのある12階建ての建物の中には、その他のいろいろな施設が同居しています。

1階には、保育園やクリニック、ハウス入居者が利用する大きな食堂や多目的室などが設置されており、2階と3階には、子育て世代を含め多様な世代が暮らす自主運営型の賃貸住宅「コレクティブハウスかんかん森」

があります。

4階から6階がシニアハウスで、各階に介護居室と介護浴室があり、7階から11階はライフハウスの一般居室、最上階の12階は健康な人が使う一般浴室です。

多様な機能を備えたこの建物全体には「日暮里コミュニティ」という名がついています。株式会社生活科学運営が「さまざまな世代が共に住む多世代複合型ハウス」として、荒川区立中学の跡地を譲り受けて建設し、2003年6月にオープンしました。

●介護居室への住みかえが可能

ライフハウスで暮らしていた人の心身が弱ってきたとき、軽度ならば同じ居室で介護が受けられます。一時的に24時間体制の介護を要する状態になったときは、居室をそのままにして「一時介護室」で介護を受けます。

重度の要介護状態が長く続きそうな場合は、利用権をライフハウスからシニアハウスに移して、介護居室に住みかえることができます。身体が弱ってきても住み慣れた場所にいられる安心感は、高齢者にとって何より貴重なものでしょう。

また介護を要する入居者の家族などが「同居人」として一緒に住める制度があります。正式の入居者ではないため入居一時金は不用で、入居者が同居人分の管理費も払う形になります。母親が入居した部屋に娘が同居してここから勤めに出ることも可能です。介護サービスや食事サービスを受けられるので、過労に陥らずに老親と一緒に暮らすことができます。

介護体制の充実は生活科学運営の特長の一つ。要介護者3人に対して職員1人というのが介護保険の基準ですが「ライフ&シニアハウス日暮里」では、要介護者2人に対し職員1人以上という手厚い人員配置をしています。

ペットが家族同様に大切な人も多いのですが、このホームでは、猫や小型犬、中型犬などのペットを連れて入居することが認められています。犬を散歩に連れ出すことができない日はスタッフが代りに散歩させます。心身が弱りペットの世話がまったく不可能になってからも、スタッフが飼いつづけているケースがありました。ここでなら、自分だけでなく愛犬や愛猫も一緒に天寿を全うできそうです。

またハウス内に気功、生け花、書道、マージャン、囲碁、絵手紙などさまざまなサークルがあり、自分に合った趣味を楽しめます。

●主体的に運営に参加

健康な入居者は、毎朝1階の食堂へ降りてきたときに、自分は今日も元気だという印の花形ピンを事務室前にある安否確認ボードに刺し、スタッフがそれを確認します。

庭の花壇に面した食堂では生活クラブ生協を母体とした「ワーカーズ・コレクティブひぐらし」が食事を提供しています。安全な食材を使って薄味でおいしく仕上げてあり、これを毎日食べていれば老後の健康も維持できそうです。食事を終えたあと、入居者は自分で残飯や、箸、食器、お盆などをそれぞれの置き場に片づけて食堂を出ていきます。できることは何でも自分でしながら暮らし、健康と長寿をめざす方針が感じられます。

生活科学運営の会長高橋英與氏は「生活科学のハウスの入居者は、お客さまではなく暮らしを共にする生活者です」と言います。参加型でありコミュニティ交流型であることが生活科学運営の特色なのです。生活科学運営のハウスは東京から大阪まで25カ所ありますが、入居者も自治能力を発揮し、地域社会の一員として行動することが期待されています。

生活科学運営は、入居者に積極的に情報公開し、入居者からは自由に発言してもらう方針。交流誌『生活創造のM』には、各ホーム入居者の意見が数多く寄せられています。日暮里の入居者も「リハビリ用の運動器具を取り揃えてほしい」「外部の人の入館チェックを徹底してほしい」と注文をつけていました。

健康な間は主体的にハウスの運営に参加し、身体が弱れば行き届いたケアを受ける生活。同じ建物にいる若い家族や園児とふれあい、下町の住民と交流しながら楽しい老後を過ごせる住まいといえるでしょう。

（鈴木由美子）

ライフ&シニアハウス日暮里
（介護付有料老人ホーム）

設置主体／株式会社生活科学運営
開設／平成15年6月24日
〒116-0014東京都荒川区東日暮里三丁目9番21号
TEL 03-3803-2780

●交通　JR山手線・京浜東北線「日暮里駅」から徒歩15分、またはバスで「下根岸」下車徒歩2分
●建物　鉄骨鉄筋コンクリート造地上12階建(当ホームは1階の一部及び4階以上)
●定員　一般居室41～62名（1人部屋20室・夫婦部屋21室)、介護居室49名（1人部屋37室・夫婦部屋6室)
●費用　一般居室の場合、入居一時金は、1人または2人入居で2,639万円～7,249万円。月額利用料は管理費94,500円（2人だと147,000円)。食費53,520円/1人。介護居室の場合、入居一時金は1人入居で1,670万円～2,341万円（2人入居では2,803万円～4,214万円)。月額利用料は管理費105,000円（2人だと162,750円)、食費53,520円/1人。入居一時金の返還額は経過とともに減額され、一般居室は10年、介護居室は5年を超えると返還金はなくなる。また入居一時金の15%は入居期間にかかわらず返還されない。55歳以上60歳未満の方は別途付加金が必要。
●入居について　55歳以上の方。共同生活が円満にできること。身元引受人がいる方。2人入居の場合の追加入居者は、入居資格を満たしている方(親子、友人でも可能)。
●居室　一般居室34.1㎡～91.26㎡、介護居室20.5㎡～54.11㎡
●共用施設　食堂、多目的室、談話室、一般浴室、介護浴室、一時介護室、健康相談室、サークル室、ゲストルーム、談話コーナーほか
●食事　3食とも提供されますが、一般居室のキッチンでの自炊も可能。
●関連施設　日暮里ホームクリニック、キッズガーデン保育園、コレクティブハウスかんかん森

ルポ

神奈川県住宅供給公社が運営する安心感

ケア付高齢者住宅【ヴィンテージ・ヴィラ横浜】

（神奈川県横浜市・入居金2900万円〜
月額費用12万8100円＋光熱費等〜）

●緑豊かな成熟タウンのなかのシニアマンション

渋谷駅から東急田園都市線（急行）で25分の「青葉台駅」、横浜駅から相鉄線で16分の「三ツ境駅」、新横浜駅からJRで11分の「十日市場駅」など、3駅からバスで約15分〜20分。港町横浜の北部にある「若葉台団地」は神奈川県住宅供給公社が開発した約90万平方メートルの大団地。緑に囲まれた高層住宅が並ぶ「若葉台団地」の中心には、イトーヨーカドーを始め飲食・美容・家電・書籍・酒・生鮮食料品・衣料品・靴・100円ショップまで、さまざまな専門店が連なる「ショッピングタウンわかば」があります。

人口2万人を超えるこの街には小・中・高校が揃い、総合病院からクリニックまで医療施設も多数。緑豊かな環境も魅力で、街を囲む自然公園にはいくつもの遊歩道が設けられています。

◎外観

◎プール

その「ショッピングセンターわかば」から徒歩5分。神奈川県住宅供給公社が経営する14階建ての東棟・

10階建ての西棟からなるケア付高齢者住宅「ヴィンテージ・ヴィラ横浜」があります。誕生したのは平成2年、公的機関初の運営となるケア付高齢者住宅は、入居希望者が殺到し、大きな話題を集めました。

●ホテル並のサービスと施設群が魅力

人気の秘密は「公社」が経営母体であること、「公的施設だから安心」と応募した人も多いようです。また、設備も魅力的です。

正面玄関には24時間体制のフロント、ラウンジ、喫茶コーナー、日用品を置いた売店、銀行のATM機もありました。居室は全326戸で、広さは35・81〜61・48平方メートル。各室にミニキッチンと浴室がついており、収納スペースが多い。「居室はもとより、施設の40%を占める共用部分を、フル活用して暮らしを楽しんで欲しい」と、公社から運営を委託されている(財)シニアライフ振興財団事務局の中村裕子さんが言います。

多目的ホール、大浴室、美容室、オーディオルーム、応接室、クラブルーム、ITコーナーのある図書室、晴れた日には富士山から丹沢山塊まで望める14階ラウンジ……。実際、ここにはさまざまな共用施設がありま す。クラブ活動も盛んで、訪問した日は和室で囲碁、プレイルームでマージャン、また多目的ホールでは居住者とスタッフの会議が行われていました。クリスマスパーティ、ミニコンサート、映画鑑賞会など館内では多彩なイベントも行われています。

また、4階はエアロバイクなどが並び、プールもあるアクティビティフロア。インストラクターによるリズム体操やストレッチなどが行われ、「プールで毎日のように泳いでいる方もいらっしゃいます」と中村さん。訪問した日も男性の居住者が気持ちよさそうに水をかき、その隣で女性の居住者が水中歩行をしていました。

もちろん、ダイニングルーム(レストラン)も充実しています。ダイニングルームは広々とした造りで、メニューは朝食が和食と洋食、昼は定食と麺類、夜は4つの定食を用意しています。メニューは3日前からわかりますが、居住者は予約なしでOKとのこと（ゲストは要予約）。「食べたい日に食べたいメニューをダイニングで選んでください」と中村さんが言います。

●神奈川県内に5つのシニア住宅と介護専用型施設

出入りチェックや各種代行サービスなどを行うフロント、自室に食事を配膳するアシストサービス、無料で使える共用室、予約なしで楽しめる食事……。ホテル並みのサービスと施設に〝安心〟がプラスされたのがこの最大の魅力といえるでしょう。

携帯用緊急コール（ペンダント型無線コール）や館内各所に設置された緊急用押しボタンのほかに、居室には生活リズムセンサーを設置。これは「トイレの前を居住者が一定時間通らない」というようにいつもと違う生活パターンをキャッチするもの。

「〝いつもと違う〟の情報がスタッフルームに届きます。そして、スタッフが居室を訪問します」（中村さん）。

また、週に一度、提携病院から医師がくる健康相談日があり、近隣には提携の総合病院のほかに指定病院が多数。日に4便でている駅までの送迎車とは別に、施設から各クリニックを専用車が巡っています。

介護が必要になった場合も安心です。短期ケアの場合はヘルパーや看護師が常駐している24床の介護専用室、または居室で。長期ケアが必要な場合は、若葉台のなかにあり提携施設である（財）シニアライフ振興財団経営の『介護専用型有料老人ホーム・トレクォーレ横浜若葉台』に移り住むことができます。「グループユニット型のトレクォーレは、個室で24時間体制のケアが受けられます。トレクォーレへ移り住みの状態になられた場合は、医師・公社・財団で話し合いを行い、要介護者本人・家族の了解を得て、本人の状態などに最も適したケアの方向を決めていきます」と中村さんがヴィンテージ・ヴィラの終身介護の仕組みを教えてくれました。

神奈川県住宅供給公社では、ここ横浜を始め向ヶ丘遊園・洋光台・相模原・横須賀と、2〜3年ごとに神奈川県内に5カ所のヴィンテージ・ヴィラを開設しました。「居住者が中心」「最期まで安心」のコンセプトと仕組みは同じですが、横浜はエレガンス、向ヶ丘遊園はクラシック、洋光台は南欧風というように町並みに合わせて施設ごとにイメージが違います。また、プールは横浜と向ヶ丘遊園など、施設によって設備も多少異なります。「さらに、横須賀は海が近い。相模原は町田駅に近接で便利と、環境にも違いがあります」（中村さん）。

公社が経営する5つのヴィンテージ・ヴィラ。生活スタイルやニーズに合わせて、施設を選択することができます。

（佐藤ゆかり）

ヴィンテージ・ヴィラ横浜
（ケア付高齢者住宅）

設置主体／神奈川県住宅供給公社
開設／平成2年8月1日
〒241-0801神奈川県横浜市旭区若葉台4-26
TEL 045-922-6602

●交通　東急田園都市線「青葉台駅」バス19分下車徒歩5分、JR横浜線「十日市場駅」バス13分下車徒歩5分、相模鉄道線「三ツ境駅」バス15分下車徒歩5分

●建物　鉄筋コンクリート造地下1階地上14階建

●定員　652人

●居室総数　326室

●費用　入居金2,900万円〜4,960万円（2人入居の場合1,000万円加算）。入居金は16年間で月割均等償却。途中退去の場合、未償却部分の85%を返還。介護費4,515,000円/1人、介護基金運営会加入金98万円/1人。月額利用料は、管理運営費：80,850円（2人入居/119,700円）、食費47,250円、光熱水費、電話料等は実費

●入居について　入居時に満60歳以上（2人入居の場合どちらかが60歳以上）。夫婦以外の場合は、三親等以内の血族または一親等の姻族であり、かつ、二人とも入居時に満60歳以上であること。身の回りのことができる健康状態の方。入居後の月額利用料等の支払いが可能な方。健康保険・介護保険に加入されている方。連帯保証人兼身元引受人〈保証人〉を選定できる方。

●居室　35.81㎡〜61.48㎡。ミニキッチン、ドレッシングルーム、浴室、物入、クローゼット、洗濯機置き場

●共用施設　大浴場、介助浴室、特別浴室、多目的ホール、クラブルーム、図書室、ゲームルーム、オーディオルーム、工芸室、プール、フロアエクササイズルーム等

●食事　3食用意の「デイリーメニュー」、行事にあわせて月1回の「イベントメニュー」、治療食の必要な方に「ヘルスメニュー」

●提携ホーム　一定の要介護状態となった場合移り住みができる「トレクォーレ横浜若葉台」、「トレクォーレ横須賀」

ルポ

行き届いた設備とサービスで、将来の介護も安心

シニア住宅【チャーミングコート溝の口】

（神奈川県川崎市・入居金1980万円～
月額費用13万9650円＋光熱費等～）

●交通便利な都市型シニア住宅

ＪＲ南武線・津田山駅を下車して、駅前の大きなスーパーを右手に見ながら、整備された歩道を約4分歩くと、辛子色をしたレンガ造りのシニア住宅・チャーミングコート溝の口が見えてきます。駅からとても近く、ＪＲ渋谷駅まで17分、ＪＲ新宿駅には25分で着きます。隣の溝の口駅前には区役所、デパート、病院などが数多くあるので、大変便利。周辺には桜の名所があって春にはウグイスが鳴き、緑あふれる閑静な街です。

◎外観

◎ジム

平成15年4月19日、チャーミングコート溝の口は（株）チャーミングエイジ研究所によって開設されました。館内にエステやシアター、ジム、運動浴プール・露天風呂・介護浴などの各種施設がある高級シニア住宅です。鉄筋コンクリート6階建（敷地767・677㎡、建物428・866㎡）のエントランスは、吹き抜けの天井にシャンデリアが下がり、大人の雰囲気が漂う空間です。フロントでは、笑顔のスタッフが宅急便やタクシーの手配、

家具の移動、電球交換にいたるまで、あらゆる相談にのっています。

「入居者の要望を全て受け止めて、誰に対しても同じ目線で、同じサービスをすることがモットーです。皆さん、入居を決めるまでに5回も6回も見学にいらっしゃいますよ。もちろん、自己決定です。とくに女性は介護の経験から、子どもに同じ苦労をさせたくないという方が多いのです。そして自分もこれからの生活を楽しみたいとおっしゃっていますね」と案内してくれたチーフ・コーディネーターの高橋憲一郎さんは言います。

現在は60歳から94歳まで250名以上入居しており、入居率は85％、そのうち65％が女性です。世田谷区、大田区、渋谷区、川崎市など、やはり都心からの入居が多くて、働いている人もいるし、夜遅くまで外出したり、現役の頃と変わらない生活を楽しみたい人が多いのが特徴です。お元気で明るい方が多く、館内ではお酒も販売していて、どこでも自由に飲めますし、カラオケルームも人気とのこと。

「サークルは20以上ありますが、男性が女性にマージャンを教えたり、泊りがけで旅行に行ったり、皆さんとても活発です。屋上庭園ではお花見や二子玉川の花火見物もできますし、行事や講演も数多く開催していますよ」と高橋さん。全室がブロードバンド対応なのも便利です。パソコンがあるITルームには、お孫さんがパソコンを教えに来てくれるとか。「80代の女性も3回習って、すぐパソコンを買っていらっしゃいましたよ」。家族やお友達との交流が盛んなのも、都心に近く、施設や設備が充実していることが一役買っているのでしょう。

●行き届いたバリアフリー設計

エントランスはICチップ内蔵の専用鍵をかざすだけ。24時間、出入りが自由です。居住者以外はフロントを通さないと入れませんから、独り暮らしでも安心です。廊下は、幅が2・5mあり、車椅子2台が余裕を持ってすれ違える広さ。

「エレベーターも、ストレッチャーが入れる奥行きです。ナースコールや、入居者の動きが長時間無いとフロントに通報する生活リズムセンサーを居室に付け、ドアも指がはさまらない工夫をしました」と高橋さんは言います。他にも年2回の健康診断があり、健康管理室には医師が毎日来診（日・祝日を除く）、お薬も薬剤師が居室まで配達してくれます。二階のケアセンターにはヘルパーが24時間体制で常駐。夜間もコールセンターとの連携で、医療体制は万全です。

Bタイプの居室は約12・6畳のリビングと、5・5畳の洋室にクローゼットや収納棚、IHヒーター付のシステムキッチン、床下収納庫、洗面室、トイレ、暖房乾燥機付の浴室。リビングには床暖房があり、フローリングは足への衝撃を吸収する工夫が施されています。歩くたびにふわっとした感触。足に優しい設計です。電気のスイッチやコンセントも車椅子で使えるように、位置を考えて設置してありますし、洗面台も車椅子仕様。玄関の靴箱からは、靴を履くときに座れる小さなベンチを引き出すことができて、とても便利です。

気になる入居一時金は、1980万円から5405万円まであり、広さや場所によって異なります。平均的な入居一時金は3300万円くらい（47・97㎡程度）。二人で入居する時は300万円が追加です。毎月の費用は13万9650円。その他、居室光熱費と、介護保険で介護を受ける場合の介護料1割が自己負担。

●活発なサークルと家族のような仲間たち

食事は広々したレストランでいただきます。毎食ごとに二種類の中から自由に選べて、1500〜1600キロカロリー程度の健康食、上品な薄味がおいしいです。印象的なのは、食べ終わってもあちらこちらで歓談していること。入居者どうし仲の良いグループがたくさんあるようです。

「明るくて、和やかな雰囲気ですね。男女が仲良くて、本当の家族みたい。男性が優しいんですよ。夜、レストランに来ると、必ず笑い声が聞こえるんです」と女性が言えば、「ここのジムで筋トレをやったら、ゴルフもスコアが上がった。大浴場も素晴らしいから、部屋の風呂場は納戸になっている」と80代の男性も嬉しそう。今年で88歳という男性は「卓球場やビリヤード場もあるし、そばには公園墓地があって、散歩にはもってこいですよ。」と満面の笑顔で答えてくれました。

地下鉄南北線・東大前駅から1分の所に、「チャーミングスクエア本郷」も平成16年10月に開業。立地の良さと高級感のある内装が特色です。平成17年12月には、兵庫県のJR神戸線・垂水駅近くに「チャーミングスクエア舞子」も開業予定。こちらは海が臨めます。

（高橋篤子）

チャーミング・コート溝の口
（シニア住宅）

事業主・運営／株式会社　チャーミングエイジ研究所
開設／平成15年4月19日
〒213-0033神奈川県川崎市高津区下作延1739番
TEL 044-829-3070

●交通　JR南武線津田山駅より徒歩4分
●建物　鉄筋コンクリート造地上6階
●総戸数　249戸
●費用　入居一時金：1,980万円（35.34㎡）～5,405万円（73.97㎡）。2人入居の場合は300万円が追加。償却期間は20年4カ月。管理費：1人57,750円/月。共益費： 24,150円/月。食費：普通食を3食×30日で57,750円、電気、電話、TV、新聞、水道料金等は自己負担。駐車場料金は月額15,750円
●入居について　原則として自立して日常生活が可能な方、及びどちらかが介護を必要とされるご夫婦。60歳以上の方（ご夫婦の場合、どちらかが60歳以上）。原則として、身元引受人を立てられる方（いない場合は相談）。管理費その他の費用を支払える方。健康保険・介護保険に加入している方 。「チャーミング・コート溝の口」の運営理念を、ご理解・ご協賛いただける方で、チャーミング・エイジ研究所が認めた方。暴力団と目される組織に属される方、若しくは此れに類する方、ないしは同関係者等でない方。
●居室　ワンルーム～2LDK（35.34㎡～73.97㎡）。インターホン、電気錠、人感センサーライト、ナースコール、生活リズムセンサー、ウォシュレット・トイレ、浴室、浴室暖房乾燥機、IHヒーター・システムキッチン、床暖房、大型床下収納庫、エアコン、ドラム式全自動洗濯乾燥機、温水器他。
●共用施設　パーティルーム、 図書室、ITサロン、シアタールーム兼小ホール、メインダイニング兼イベントホール 、 キッチンラウンジ、大浴場、露天風呂、運動浴プール、スタジオ、アスレチックジム等
●食事　栄養管理されたおいしいお食事を専任のシェフが作ります。
●併設施設　メディカルセンター（1階）、ケアセンター（2階）

ルポ

アクティブな生活を支える充実した施設

所有権分譲方式・中高齢者専用住宅【中銀ライフケア横浜〈港北〉】

（神奈川県横浜市・分譲価格1000万円～　月額費用10万円＋光熱費等～）

●都市型開発第一号は「震度8」にも耐える設計

1988年、港北ニュータウンの一角にオープンした「中銀ライフケア横浜〈港北〉」は、「満55歳以上で自立生活可能な人」であればだれでも入居可という〝所有権分譲方式の中高齢者専用住宅〟で、都市型開発第一号と評判になりました。

最寄り駅の横浜市営地下鉄「仲町台駅」から徒歩10分ですが、東急東横線「綱島駅」からはバス20分、徒歩3分、また車利用の場合は第三京浜都筑I・Cより約0・8㎞、新横浜まで5・5㎞で約8分、東名高速横浜青葉I・Cからは約6・5㎞というアクセスの大変良いところです。

◎浴室

◎外観

その上、市の管理する広大な「せせらぎ公園」が隣接していて、池の畔には旧家より寄贈の古民家があり春は桜、秋は紅葉と四季折々の風情が楽しめますし、緑道をのんびり散歩しながら駅に向かうこともできるなど、とても恵まれた環境です。

14階建ての建物の中に、43・10〜58・69㎡の広さの一般居室が全部で443室。現在ここに400人余りの人たちが暮しているのですが、都心に近いという立地条件を活かして毎日都内へ出勤している人や、別荘感覚でときどきここに泊まって帰る人もいます。

最近、高層の建物は地震の時の揺れや倒壊が心配されますが、ここは建設時に基礎を地面の下の岩盤に届くまで深く掘り下げて打ち込んであるので、震度8の地震でもびくともしない構造になっている、ということです。また所有権分譲なので建物と設備のすべてが入居者全員の資産であり、その管理・修繕の計画などは入居者たちが管理組合を立ち上げて運営しているため、ガラス張りの健全・透明な経営体質が自慢です。もちろんここに住むには所有権を買って不動産（所有権）登記をするので、その権利を売却しない限り居室の権利はなくなりません。

●居住者全員の名前を記憶しているスタッフのいい笑顔

取材約束の日、広々したロビーで案内担当のO氏を待っていると、フロントにいた女性から「Aさんお帰りなさい。お荷物を預かっていますのでお立ち寄りください」と明るい声が掛かりました。見ると、居住者専用ドアからピンクのスーツを着た品の良い初老の女性が入って来て、楽しそうに会話をしながら荷物を受け取って行きました。

館内の広報・連絡をはじめ外来客の対応や居住者の生活全般にわたる手伝いをするスタッフたちは、入居者全員の顔と名前を覚えることに努力するのだそうです。

大浴場はこんこんとお湯が湧いているし、その隣りには理・美容室がありました。マージャン、将棋の部屋が並んでいます。茶室もゲストルームも用意されていました。300人座れる大きな食堂では、食器を並べたり椅子を動かしたりしてもう夕食の準備が始まっていました。週間予定献立表には一日三食それぞれにカロリーが明記されていて一週間平均1850キロカロリーとありました。

気になる健康サポートシステムについては、「ケアナース」と呼ばれる看護師が3交代で24時間常勤している健康管理室があり、ちょっとした体調の変化や健康相談に乗ってもらえ、風邪や怪我の時は連携している一階の診療所で手当てが受けられます。万一救急車となった時にも看護師が同乗してくれるそうなので安心です。

長期の要介護となった場合、熱海にある中銀ケアホテルに移ることができます。入居から一年以内にケアホテルの会員になると、500万円（一般は1300万～2000万円以上）で入れるのでたいへんお得。

12階の居室を一つ見せてもらいました。ベランダの下は市営せせらぎ公園の緑。遥か丹沢の山並がくっきり、通路側からは遠く東京都庁まで見えて素晴らしい景観です。

玄関・廊下・和室・洋室・リビングなど床の段差をなくし、フロントと直結の緊急通報システムを設置しているなど、随所に安全性が感じられます。また廊下や玄関扉、洗面室などは車椅子利用への対応を考えたワイドな設計。水栓は力を入れなくても使えるレバーハンドルを採用し、収納スペースもたっぷりです。チェックセンサーは在室時の生活状態に異常があると感知器が反応してフロントに通報するものですが、和室・ユニットバス・トイレに設置されていました。「これのお陰で命拾いした方があるのです」と聞かされると、個人住宅の危険度を改めて感じます。戸別セントラル・冷暖房エアコンで一年を通じて快適に過ごせるようになっていました。

●NHKも驚く!?「紅白対抗歌合戦」

他の施設でも行われている趣味のグループ活動はここにもありました。コーラスやゴルフ、ダンスに陶芸と20くらいのサークルがあり、季節毎にお餅つきや盆踊り大会を開くなど余暇活動も活発ですが、極め付けは毎年10月の体育の日に行われる全館挙げての「紅白対抗歌合戦」。8月から出場者を公募して猛稽古で臨む本番は、入場行進から紅白の玉を数える審査の方法までＮＨＫのそれと寸分違わずやってのけ、それをビデオに撮っておいて大晦日の午後館内放映します。夕食後に今度は全国版「ＮＨＫ紅白歌合戦」を見るという具合。できるだけ多くの人と交流できるよう、さまざまな催しを企画して、皆に楽しんでもらおうとスタッフは日夜努力しているそうです。

（原田静枝）

中銀ライフケア横浜〔港北〕
（所有権分譲方式・中高齢者専用住宅）

設置主体／中銀インテグレーション株式会社
開設／昭和63年3月15日
〒224-0035神奈川県横浜市都筑区新栄町14-1
TEL 03-3248-1235(中銀ハウジング株式会社ライフケア横浜港北空室情報係)

●交通　横浜市営地下鉄「仲町台」駅より徒歩10分

●建物　地上14階、鉄筋コンクリート造(一部鉄骨造)

●総戸数　443戸

●費用　価格は1,000万円～2,200万円。ライフケア運営保証金500,000円/1人（退去時精算金なき場合無利息返還）。月額利用料として管理費51,000円～60,900円（1名増えるごとに24,300円追加)、修繕積立金7,420円～9,980円、食費49,350円/1名

●入居について　55歳以上、健康状態通常で共同生活が可能で身元引受人がたてられる方

●居室　43.28㎡(1LK)～58.69㎡(2LK)。戸別セントラル・冷暖房エアコン,浴室、洗面室、トイレ、キッチン、洗濯機置場、物入れ、押入、ライフケアチェックセンサー、インターホン、ナースコール

●共用施設　フロント、ロビー、ラウンジ、迎賓室、食堂、健康管理室、男・女大浴場、洗濯室、ゲストルーム、茶室、ライフケアホール、サークルルーム、図書室兼会議室、オーディオルーム、ホビー室、陶芸室、CATV室、売店、駐車場その他

●食事　専門の栄養士の指導に基づいた、おいしくて栄養のバランスを考えた三度の食事を提供(自室での自炊も可能)

●関連施設　中銀ケアホテル（特定施設、介護専用型)

体験手記

母につられて契約、セカンドハウス気分で楽しんで

油壺エデンの園●児玉寿美子さん

◎入居契約後、セカンド利用から定住へ

昭和60年当時、油壺エデンの園は建築中のため、ドライブを兼ねて浜名湖エデンの園（静岡県浜松市）へ母と友人の3人で見学に行きました。そして経営母体である聖隷福祉事業団の本拠地もあわせて見ることができ安心できたんです。母も私もとっても気に入ったため、母は早速油壺のBタイプへ入居（定住）しました。

その1カ月後主人が一人入居でDタイプに契約、約5年後私も追加契約しました。二人入居となりましたが、私達は定住をせず（セカンド利用・別荘感覚）、毎月1・2回程度油壺へ来るという生活でした。昨年、主人の仕事がやっと終わったため5カ月前に定住し、念願であった、食事の心配をしなくてよい生活を得て大変楽になり、今は、夫婦でグランドゴルフクラブに入って毎日楽しんでいます。

◎20年間で起こったこと

母は、入居してから数年は実に楽しく過ごしていたようで家に居るときより元気になり、一人娘の私としてはとても安心していました。しかし、加齢とともに介護が必要となり、身の回りのお世話を受けるこ

となりましたが、亡くなるまでの数年間、私達は何の心配もなくて……本当に母の『先見の明』は確かだったと実感しました。
また、一昨年、志賀高原のゲレンデで主人が骨折、スキー場からいったん自宅に帰りましたが、すぐに油壺エデンの園へ来て約3カ月車椅子生活をしました。その時、自宅で介護することの難しさが実感でき、油壺に導いてくれた母に感謝しています。

◎これから入居をお考えの皆様へ

入居金が工面できても、毎月の生活費を不安に思う方へ。私達の経験でいうと二人のセカンド利用中は自宅での生活費プラス約13万円（管理費と水光熱費の基本料金等）です（ざっとした目安です）。セカンド利用でも定住でも、もし生活設計が立つようでしたら、母の言う〝こういう所〟に早く決断するのがお勧めです。やはり一番は子どもに迷惑をかけたくないですからね。

（『ゆかり通信』№49、2006年4月15日号より）

第4章

新しい試み
一戸建ての高齢者集落

◆社会福祉法人の経営する高齢者集落

一戸建ての住まいのよさというのは、確かに捨てがたいものです。公団住宅やマンションなど集合住宅に住んでいた人が、一戸建てに移ると「周りが全部あいている！」「物を外に置ける！」と変なことに感激します。集合住宅ではくっついている隣家との関係に、知らず知らず始終気を使っていたのが、急に自由になった感じがするのでしょう。

「老人ホームはいやだ」という人は、集合住宅での共同生活に嫌悪を感じているのかもしれません。そういう方にこんな施設はいかがですか。

アメリカにはたくさんあるようですが、日本ではめずらしい一戸建ての高齢者住宅集落をご紹介しましょう。岐阜県揖斐郡池田町にあるサンヒルズ　ヴィラ・アンキーノです。

ここは住宅型有料老人ホームと称していて、介護付有料老人ホームと違い、特定施設ではありません。特定施設は自前で職員や設備などの介護体制を持ち、介護保険を入居者に代わって受け取り、終身介護をすることができます。ここはその特定施設ではないわけですが、作ったのが社会福祉法人新生会で、介護には十分な経験があるのです。

新生会は、特別養護老人ホーム、グループホーム、訪問看護ステーション、在宅介護支援センターなどの事業を展開し、医療福祉専門学校まで経営しています。介護はお手のもの、在宅介護でやれるというわけでしょう。すでに介護が必要な方も入居できるそうです。

◆まるでリゾート地のよう

敷地面積5699㎡（1726坪）、29戸の家が建てられています。各戸の広さは32㎡の小さなものが5戸、56㎡が11戸、45・3㎡が13戸あります。共用施設はサロン、レストラン兼集会室、図書コーナー、露天風呂、梅林の公園や見晴台など。1戸内の設備は緊急通報装置が3カ所、バス・トイレとキッチン、クローゼット、プライベートバルコニー、床暖房があります。

食事は自炊もできるし提供も受けられて、3食なら1日1700円、月5万1000円になりますが、これは老人ホームの標準的値段といえましょう。

終身利用権方式で入居一時金は一人入居で600万円から3300万円、二人で入ると追加一時金が300万円掛かります（二人目の追加金というのは共用施設の家賃分）。これに預り金というのがプラスされ、実際のところ一人入居で合計900万円から3900万円になります。

一部のタイプの料金表を掲げておきましたが、毎月の利用料も家のタイプによってかなり変わるので、現地を見て確かめる必要があります。

ほとんど初めての試みなので（他にも二、三計画されているものはあるようですが）入る側としては必ず泊まりがけの見学をし（体験入居）環境、交通など確かめることです。

詳しくは次の、実際に行って見て来たルポをご覧下さい。

ルポ

デッキでつながる、おしゃれなコテージ

住宅型有料老人ホーム【サンヒルズ ヴィラ・アンキーノ】

（岐阜県揖斐郡池田町・入居金600万円〜
月額費用7万1265円＋光熱費等〜）

近鉄養老線北池野駅から車で約15分。田園地帯を走っていると池田山の麓にこつぜんとコテージの一群があらわれました。モダンなドーム型の屋根が目をひきます。各戸をゆるやかにウッドデッキがつなぎ、ペンションか別荘の趣。すぐそばを渓流がながれ、川沿いには桜並木。ここが全国初、戸建タイプの有料老人ホーム、ヴィラ・アンキーノだとは知らず、行楽客が宿泊の申し込みにくるのもうなずけます。

●自分らしく生きられる場所を

運営は、映画「安心して老いるために」（羽

◎2人用の間取り

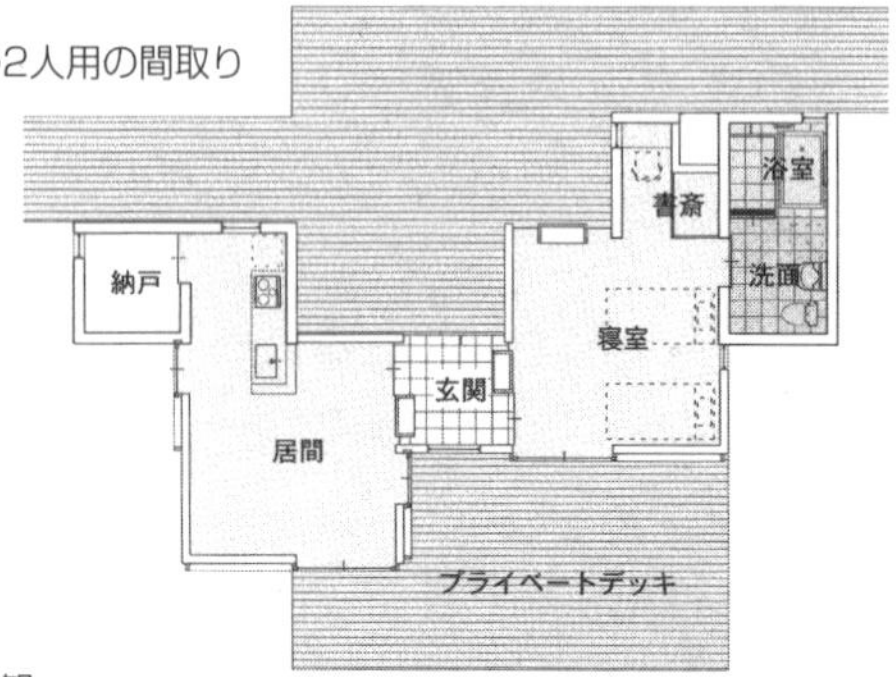

◎外観

田澄子監督）で有名になった社会福祉法人新生会。

28年前、医師だった先代理事長今村勲氏は、往診先で1日中寝たきりの患者をみて「これは医学では治せない社会病」だと思ったそうです。家族が仕事で不在が多いため、放置されているのです。まわりにはオニギリもオムツもごちゃまぜに積み上げてあり、布団をめくれば尿臭が鼻をつく。看護師が長時間そのままでべたべたのオムツを取り替える……。この悲惨な在宅生活に接したことがきっかけで、自分らしく生きられる特別養護老人ホームを開設したのが新生会のはじまりだそうです。

ヴィラ・アンキーノは２００３年7月にオープンしました。

全29戸。32㎡のシングルタイプは、居間・寝室に書斎がついたワンルーム。２人用のダブルタイプは2部屋で56㎡、居間・台所・納戸と、寝室・書斎が玄関の左右に振り分けられています。いずれにもプライベートデッキがつき、室内の床はすべてフローリング。トイレの便座は人が通ると自動開閉し、採光に配慮した洗面所。インテリアも素敵です。この他に45㎡のセミダブルタイプもあり、共用スペースとしてレストラン兼集会室棟があります。

県の「ふるさと福祉村」構想の拠点である新生会は同敷地内にあります。デイサービスセンター、グループホームが併設されているほか、レストラン、大浴場、露天風呂等があり、地域の保育園との交流もあります。

さて、有料ホームにもいろいろなタイプがあります。他ホームでは夫婦用居室はそう多くはありませんが、自立支援からターミナルケアまでをうたっているヴィラ・アンキーノは、全戸の約半数が2人でも利用できます。

福祉先進地帯の北欧では、高齢者ケア3原則の1つに「生活の継続性」が掲げられています。ヴィラ・アンキーノではどちらかに介護が必要な状態になっても、ヘルパー派遣や食事のルームサービス等のサポート体制を利用して、夫婦同居で今までどおりの生活を最期まで続けられるのが強味です。実際、在宅ホスピスを希望して入居され、亡くなった方もあるとか。

施設長の久野美智江さんは、身体の自由のきくうちに、自立度でいえば要支援くらいのうちに安心できる終の棲家へ住み替えておいたほうがいい、と言います。そのほうが自分らしい暮らしを環境になじみながら創ることができるし、多少の障害が出てきても、施設側も早めに自立へのサポートができるからだそうです。特別養護老人ホームへ入るような段階になってしまうと、人生設計や自己決定がなかなか難しいと。

デイサービスセンターでの催しはヴィラ・アンキーノからも参加でき、人気があるのは陶芸、俳句、押し花、オカリナ演奏会、音楽会。しかし、何といっても面目躍如なのは、入居者が企画するアンキーノ独自の催しでしょう。4月にはお花見、5月には鯉のぼりツアーなど、毎月入居者全員で食事をしながら次回の相談をするそうです。

●ご縁

「みなさん、自分の考えをしっかり持っておられて、言うことはハッキリと、さらりとおっしゃいます」と久野さん。以前、池田町の歴史・文化を知ろうと、町行政とタイアップして講座を開いたとき、史実に詳しい入居者から「久野さん、それは勝者の論理だよ」と指摘されました。戦国時代の歴史にしてもマッカーサーの占領

■料金例（タイプ1）

単位：円

プラン	面積	入居一時金			毎月の利用料
		預り金	一時金	計	
長寿	32	3,000,000	6,000,000	9,000,000	139,265
高砂	32	3,000,000	13,000,000	16,000,000	101,265
セカンドハウス	32	3,000,000	18,500,000	21,500,000	71,265

下のことにしても、赤穂浪士の話にしても、現代に残っている歴史は勝者の論理なんだと。

「職員との垣根は低くて、対等ですね。私どもの落ち度にたいしても苦情をきちんと言える方たちです」

現在、契約戸数は29戸のうち12戸。平均年齢は77・2歳。新しい高齢者コミュニティを模索中の感のあるヴィラ・アンキーノですが、これから全戸が契約されて人数が増えていったとき、あるいは重介護の入居者が多くなったとき、どんな〝老後の住まい〟になっていくのでしょうか。

入居者や職員の方たちの真摯な思いをうけて、訪問看護や訪問介護、医療福祉専門学校等をもつ社会福祉法人新生会グループの医療的・総合的サポートを得て、こんなふうに暮らしたい！　という願いが実現されていくことを祈ります。

（井口　和）

サンヒルズ ヴィラ・アンキーノ
（住宅型有料老人ホーム）

設置主体／社会福祉法人　新生会
開設／平成15年7月1日
〒503-2406岐阜県揖斐郡池田町宮地1175
TEL 0585-45-0760

●交通　名神高速道路大垣I.C.より約20ｋｍ。新幹線「岐阜羽島駅」より約23ｋｍ。近鉄養老線「美濃本郷駅」より2.6ｋｍ。

●建物　全室一戸建て（鉄骨造+鉄筋コンクリート造+木造平屋建て）

●総戸数　29戸

●費用　1人入居の場合入居一時金は600万円から（2人入居の場合は300万円追加）。預かり金は一律１戸につき300万円。毎月の利用料は71,265円～221,965円（管理共益費51,265円+家賃相当額）。食費は1カ月51,000円。電気、電話料等は実費負担。さまざまな料金プランが用意されています。

●入居について　概ね60歳以上（2人入居の場合はどちらかで可）。自立の方から介護サービスが必要な方まで。

●居室　シングルタイプ5戸（32㎡）・ダブルタイプ11戸（56㎡）・セミダブルタイプ13戸（45.3㎡）。キッチン・トイレ・バス・クローゼット・書斎・物置・床暖房、緊急コール・プライベートバルコニー

●共用施設　図書コーナー・サロン・レストラン兼集会室・露天風呂・見晴台・梅林公園

●食事　居室内キッチンにて自炊も可能。希望により食事サービスを提供しているので、好みに合わせて選択できる。

第5章

仲間同士が助け合う
自立と共生の住まい
グループリビング

◆仲好し同士で住みましょうよ

50代後半から60代前半の女性が集まると、「老後のことを考えると、とても子どもは頼りにならないし、老人ホームなんかいやだし、仲好し同士お金を出し合って、一緒に助け合って暮らすのはどう?」「それ、いいじゃない!」などという話で盛り上がることがあります。老人ホームに詳しい私がそう言う人に、「でも同じ世代が集まっているんだから、みんな一緒に年を取ってしまうでしょう? 助け合うと言ったって、いっせいによぼよぼになったらどうするの?」と異論を唱えました。

「大丈夫よ、少しでも若い人が順々に面倒をみるのよ」

「でもやがてその人たちも年を取るでしょう」

「そしたらまた若い人を入れるのよ」

私は(大勢の年寄りの世話をしに入ってくる若い人なんかあるものか、老後が心配なら私は老人ホームへ入る)とばかばかしく思って、それきりなにも言いませんでした。その人たちはもう70代になっているが、未だに実行などしていないようです。彼女たちは夢を語っていただけで、はじめから現実的な計画などなかったのでしょう。それを真に受けて批判した私が間抜けというものでした。

グループリビングというと、私はこの話を思い出すので、「そんなものだめに決まっている」と思っていました。しかし「仲好し同士集まって、助け合って暮らす」ことに魅力を感ずる人はとても多いようで、しばしばそういうことを言う人に会うのです。実際グループリビングが存在するということも聞いたので、とにかく調べてみることにしました。

◆NPO法人で運営されていた！

東京都港区六本木に「共生のすまい全国ネット」の「みなとNPOハウス」という事務センターがあることがわかり、ライターの鈴木由美子が訪ねていって話を聞いてきました。彼女は他の情報も集めて、「COCO湘南台」というグループリビングを見に行き、ルポを書いたのです（182ページ参照）。

私のほうは、「高齢者グループリビング　本気でつくりたい人の集中セミナー」という一泊二日の集まりに参加することにしました。

2005年10月12〜13日に開かれたのですが、JR川崎駅前から貸し切りバスに乗り、一日目はグループリビング3カ所を見学しました。これらはいずれも「COCOグループ」の設立で、最初にできたCOCO湘南台も見ました（182ページ、ルポ参照）。

まず見たのは「COCO宮内」で、南武線武蔵小杉、または田園都市線溝の口からバスで10分もかからないという好立地。平成15年の10月に建ったばかりの新しい建物。3階建てのビルで、1階にはカフェレストラン、デイサービスセンター、その他の教室や店舗が入り、2階3階に10室の居室が並びます。3階には食堂、浴室があり、インテリアはごく洗練されていて、田園都市線風といいましょうか、すてきな内装です。へぇぇと感心してしまいましたが、部屋の広さはCOCOグループの考え方によって15畳（約25㎡）になっています。これ以上狭いと豊かな生活はできないということのようです。食堂の料理はプロが出張して調理、食器も陶磁器で揃え、一つのテーブルを囲んで食べるのですからいかにもおいしそうです。献立表を見ても取り合わせがよく、品数が豊富でした。ペットを飼ってもよいので、ペットのタオルなどを洗うための別の洗濯機まで、用意してあるという行き届きよう。

これでお値段は入居金450万円（20年償却）、毎月の費用は家賃7万円、共益費、食事委託費、清掃委託費、食材料費合わせて8万円、総額15万円ということでした。

室料はミヤヨシエステートという会社と賃貸契約をし、サービスについてはNPOグループリビング川崎と契約します。つまりNPOが運営に当たっているわけです。決して高齢者が集まって助け合いをするというだけのものではないのでした。

◆家庭的なシニア住宅

セミナーの資料を見ますと、NPOは非営利だからこそコーディネートできる、土地建物の一括借り上げはオーナーとNPO間の契約、入居契約は個人（入る人）とNPO間、とありました。つまりNPOが土地の所有者を見付けて、建物を建ててもらい、一括して借り上げ、今度は入居者を見付ける。そして運営するというやりかたなのです。これは有料老人ホームでもやっているところがある方法です。

入居金は共用部分の前払い家賃だそうで、毎月7万円の家賃がありますから、20年分で計算すると総額は2130万円になります。しかし10年しか住まなければ半額になるわけです（入居金は均等割りで返してもらえます）。

要するにしっかり計算はたっているようで、安心できます。仲好し同士の助け合いなんていうような、危ない話ではありません。

次に見学したユーミーリビング湘南台は、運営にはNPOが入っていますが株式会社が建てていて、この会社はほかに介護付有料老人ホームや、認知症対応のグループホームも経営しているのです。お値段はCOCO宮内とあまり変わりませんが、償却期間は短いです。

このセミナーの出席者は、福祉関係者とともに建築会社、設計事務所の人が多く、作るほうの関心が高いようで、これから増えていくのではないでしょうか。少数の入居者が密接にふれあいつつ暮らすわけですから、まさに「共生」で、家族のような関係ができることと思われます。ふつうの住宅に住んで家庭的に、いわゆる施設入居ではない暮らしがしたい、という方にはお薦めです。

◎情報の手に入れ方◎

まだ新しい高齢者住宅なので、あまり数は多くないのですが、これから増えていくと思われます。一種の市民運動ですから、新聞広告など出さないでしょうし、情報を手に入れるにはやはり「共生のすまい全国ネット」に問い合わせるのがいちばんでしょう。

◎NPO法人共生のすまい全国ネット
TEL03―5775―0622　FAX03―3401―5013

ルポ

お金と知恵を出し合って、理想の住まいを

グループリビング

【COCO湘南台】

（神奈川県藤沢市・入居金370万円
月額費用13万6000円）

神奈川県藤沢市にある高齢者住宅COCO湘南台は、日本で最初に生まれたNPO法人運営のグループリビングです。

グループリビングというのは高齢者が暮らす集合住宅ですが、普通のアパートとは一味違います。一人一人がプライベートな生活空間を確保したうえで、お互いに交流し助け合いながら、一緒に楽しく暮らす住宅です。そのため個室以外に、みんなで食事したり活動するスペースが設けられるのが普通です。

COCO湘南台は、外装がタイル張りで邸宅を思わせる二階建ての建物。ベランダの前には、野菜や花を植えた庭が広がり、アパートにありがちな狭苦しさは感じられません。最近まで梨畑だった土地ですが、小田急線湘南台前駅へ徒歩12分、すぐ近くには藤沢市立中央図書館があり、便利で心豊かな生活ができそうな場所です。

◎外観

◎庭側から

●理想の住まいをつくる市民の試み

15畳の個室が1階に5室、2階に5室あり、それぞれトイレ、洗面所、ミニキッチンがついています。1階の共用スペースには、趣味の会や見学者説明会に使う部屋、大浴室と車いすで出入りできるトイレ、洗濯室があります。2階には、食堂として使う36畳の広い部屋が設けられ、その一角には掘りごたつのある6畳分のオープンな和室があります。ゲストルームや共用トイレ、小浴室や物置も2階に備わっています。

1999年に開設したこの住宅は、市民の知恵を集めてつくられました。活動の中心は、藤沢市議会議員を6期24年間も勤めた西條節子さん（76歳）です。議員時代に出かけたヨーロッパで、高齢者が活力あふれる生活をしている姿に感銘を受け、自分たちの力で地元に高齢者の理想的な住まいを作ろうと「バリアフリー高齢者住宅研究会」を始めたのです。

老若男女が入りまじったメンバーは、生協理事、建築家、学者、編集者、在宅介護の専門家など実に多彩。立地や広さ、設計、経済面、暮らし方などすべてを検討し、見つかった土地の地主さんの協力を得て、建設の運びとなりました。建設費9000万円のうち5000万円を地主が拠出し、賃貸料が地主に払われるしくみです。また当時の厚生省が実施していた「高齢者バリアフリーグループリビングモデル支援事業」により国から200万円、県から100万円、市から100万円の補助金を受けることができました。残りは10人の入居者が入居金として370万円ずつを出してまかなったのです。

●サラリーマンの妻が入居できる費用で

COCO湘南台では、入居金はその後も370万円、毎月の費用は13万6000円と、普通の人が負担できる額に設定されています。計画するときに想定した入居者は、たとえばサラリーマン家庭の主婦で夫を亡くし自分の国民年金と夫の遺族年金を合わせて月15万円から17万円の層、長く働いてきた女性で年金月額15万から20万の層です。また有料老人ホームの何千万円という入居金は払えない人々を対象にしました。

COCO湘南台の理念は「自立と共生」。入居者は「生活者」として主体的に運営にかかわります。開設する時、コーディネーターとして住む西條さんと、定員9人のうち4人が研究会仲間などから決定ずみでした。残る5人は、この理念に共感してもらえる人から選びました。また費用を自力で出せることが条件です。

理念的というか、いささか難しい印象を与えるかもしれませんが、実際は、ここの暮らしは自由で楽しそうです。規則はほとんどなく、買い物に出かけ友達を訪問し、思い思いの人生を享受しています。愛犬や愛猫と一緒に入居する人もいて、廊下を歩くと犬が足元をすり抜けていきます。昼と夜の食事づくりと共用部分の清掃を、ワーカーズ・コレクティブ「おり〜ぶ」という組織が担ってくれるので、家事の大部分から解放され、余った体力と時間で好きなことができるのです。

●生活そのものが介護予防

もし介護が必要になったとき、グループリビングではどうなるでしょうか。その点については、西條さんたちは明快な答えを持っています。病気になったら、入院したり老人保健施設で過ごしたあと、わが家であるCOCO湘南台にまっすぐ帰ってくればいい。介護が必要なら、介護保険をフルに活用し、在宅介護を受ければいい。充実した在宅介護体制のある地域社会をつくるために、私たち自身が「暮らしの実験」に取り組んでいこう、と。実際に、生活者の中から「癌の手術をせずにここで最後を迎えたい」と希望する人が出たとき、在宅のターミナルケアをなしとげた経験があります。ケアマネージャーや看護師、ヘルパーが介護体制をつくり、自分の部屋でみんなに見守られながら永い眠りに入られました。

こうして在宅介護の知恵を蓄積する一方、心身の弱りを「予防」することが何より大事という発想で暮らしが営まれています。人と会話してよく笑い、積極的に行動し、栄養バランスの取れた食事をとることがすべて介護予防につながるのです。

ＣＯＣＯ湘南台の運営主体であるＮＰＯ法人ＣＯＣＯ湘南は、２００３年に神奈川県海老名市に二つ目のグループリビングとして「ＣＯＣＯありま」を開設し、２００６年には三つ目の「ＣＯＣＯたかくら」を藤沢市内に開設しました。遠隔地からの問い合わせも数多くあるそうです。「自立と共生」のグループリビングは、ＣＯＣＯ湘南台をモデルにして全国に広がろうとしています。

（鈴木由美子）

COCO湘南台
（グループリビング）

運営主体／NPO法人COCO湘南
開設／平成11年4月11日
〒252-0804神奈川県藤沢市湘南台7-32-2
TEL 0466-46-4976

●交通　小田急線・相鉄線・横浜市営地下鉄線「湘南台駅」より徒歩15分、またはバス利用「今田」下車。
●建物　木造2階建　バリアフリー住宅（借り上げ型）
●定員　10名
●費用
入居時370万円。月額費用は136,000円（家賃70,000円、食材費30,000円、共益費16,000円、家政費20,000円）。車持ち込み月額10,000円。
●入居について　65歳以上で、身の回りのことが自分でできる自立している方。
●居室　全室個室(25.06㎡)、洗面所、トイレ、ミニキッチン、クローゼット
●共用施設　食堂、アトリエ、浴場、エレベーター、洗濯コーナー、庭、ゲストルームほか。共用部分の清掃は週3回、ワーカーズ・コレクティブ「おり～ぶ」と契約。
●食事　朝食は自由、昼食と夕食はワーカーズ・コレクティブ「おり～ぶ」と契約（毎月一度は自分たちで作る）。

第6章

フルサービスでゆったりすごせる

介護付有料老人ホームの介護専用型

◆介護が必要ならばここへ

第3章で述べたことですが、「特定施設入居者生活介護」事業者に指定されて、その資格を持っている民間経営の老人ホームは、「介護付有料老人ホーム」と表示することが国や自治体から許されています。この資格は、介護施設としての設備や人員を整えていて、本人に代わって介護保険金を受け取り、施設内で介護保険に定められた介護が行なえるというものです。

これも第3章で述べましたが、介護付有料老人ホームには自立型と介護専用型があります。自立型は元気なうちに入って安全に老後生活を楽しみ、介護が必要になれば生涯介護してもらえる、というシステムのところです。介護専用型のほうは、すでに介護が必要になって、今すぐ介護が受けたいという人のためのものです。この二つをまぜこぜにしますと、有料老人ホームというものがすっきり理解できないので、この点第3章でながなが解説したところです。

現在2500万人余りの高齢者（65歳以上の人）がいるのですが、うち介護が必要で、介護保険の認定を受けている人は350万人といわれます。公設の介護施設はみなさんご存じの特別養護老人ホームですが、ここへ入れる要介護度3～5の人は約140万人、対して特養は約34万人分のベッドしかありません。絶対量が不足しているので、入れない人は老人保健施設や老人病院に入ることでなんとか補いを付けているわけですが、大都会東京では、100人も待機者がいる特別養護老人ホームはめずらしくないのです。複数の施設にだぶって申し込めるので、100人がそのまま実際に100人だというわけではありませんが。

そこで民間経営の介護施設が作られだしたわけです。現在では相当な成長産業らしく、大手企業や外国企業も乗り出しています。それだけ介護需要が高まっているし、近い将来には団塊の世代が高齢化してきますから、さらに高まることでしょう。

上手な選び方

◆いざというときに入るところ

こうした施設に入る人は、ほうぼう見学して回って、好きなところを選ぶなどという悠長な話ではありません。よくあるのは病院に入院していて、治療が終わったというので退院をすすめられ、もう一人暮らしはできないとか、子どもの家でも引き取る余裕がないとかいう場合です。本人は自宅に帰りたい。今までと同じ暮らしがしたい。しかし家族から見ればそれは不可能なので、あちこち相談し回った末、施設に連れてくるのです。また80歳過ぎの高齢で、一人暮らしを続けていて怪我や失火など事故を起こし、おどろいた家族がむりやり引っ張ってくるとか、夫婦二人暮らしで一人が要介護状態となり、介護していたほうが共倒れになりそうになったなど、それこそ深刻な、もはや猶予はならないというありさまで入ってくるケースもあります。

だいたい差し迫った理由が多いのですが、近ごろ遠方の親を呼び寄せるのに、同居でなく近くのこうした施設に入ってもらうという家族があるそうです。これも、親はまったく元気でいるわけではないでしょう、高齢の一人暮らしなど心配な状態であるに違いありません。いわば「いざ」というときですから、良いも悪いもなく見つかったところに決めてしまうことになります。ですから選び方といっても限界があるので、どうしても気をつけて欲しいポイントをあげることにしましょう。

◆選び方のポイント

（1）あまり安いところは避ける。入居金はともかく、月々の費用は20万円を標準と見てよい。15万円以下となると介護する人数が少ないかも知れない。入居金は家賃だから、立地・建物その他ハード設備に見合っているかどうかで判断する。既存の建物を改装したものは安いので、それは聞いてみる。改装型はだいたい500万円から1千万円くらいがふつう。しかし50万円くらいの協力金（寄付金）でかなりよくやっているところもある（せらび八王子、198ページ参照）

（2）家族の住まいからあまり遠いところは避ける。訪問する必要がでてくるので、遠いと家族の負担が大きい。遠いからといって、長いことほったらかしでは本人の不平が出、ホームのあら探しに発展したりする。出たいなどということになったたら、結局家族が困る。

（3）有料ならほとんどそんなことはないが、建物に入ってみて排泄物の悪臭がしたら避ける。管理が悪い。おむつの交換をどうしているか聞き、「随時」「汚れた度」というところがよい。「3時間置き」など時間で交換するところはあまりよくない。汚れたおむつをいつも付けていることになりかねない。

（4）夜間どんな人がどれだけいるか聞いてみる。看護師の宿直があれば上等、介護職員が二人くらいいれば結構、警備員だけなら、緊急時の連絡はどこへどうやってするのかを聞いてみる。

（5）医師との連携。ふつう週一日か二日、様子を見に定期的に往診するものだが、提携病院の名前や、訪問看護の有無を確かめる。薬を管理して、きちんと飲ませるのはどこでもやってくれる。

（6）洗濯や入浴の回数（介助が必要なので、毎日とはいかない）、入る本人に食べられるような食事か確かめる（食べてみるとよい。事前に頼んでおく）。病人食（糖尿病などある場合は）の有無も必要なら聞く。

◆施設も相手を選ぶ

ざっとこんなところですが、施設によって受け入れる相手を選んでいることがあるので、本人の状態に合っているところでないと入れない場合があります。重度の介護を必要とするのか、元気だが高齢で自立生活が難しいのか、認知症があるのか、それによって入れるところと入れないところがあるのです。介護保険の認定を受けていることを、入居条件にしている施設が多いですが、認定がない場合は入居金が高くなったり（元気で余命が長いから）、月々の費用が高くなったりします（介護保険が使えないから）。認定の有無に関わりなく同じ費用で入れるところも一つご紹介しておきました。（メルシー東戸塚、194ページ参照）

部屋の広さは自立型と違い狭くて、15㎡とか18㎡、せいぜい20㎡くらいです。ずっと広くて30から40㎡以上もあるところは、やはり入居金なり家賃なりが高くなります。もちろん立地も入居金に影響します。東京都心のものは地価が高いので、2千万円以上の入居金がめずらしくありません。

認知症の人を入れようという場合、まずハードが必要です。職員の手を借りないと開かない玄関扉とか、ほかの健常な入居者とエリアが分かれているなど、設備が整っていなければなりません。つぎにソフトも問題で、認知症患者をしっかり看られる、訓練を受けた職員がいないと無理がいきます。施設側も預かれるかどうか、短期の入所などで判断をしますし、家族は本人が機嫌よく過ごせるかどうかを見極めて入所を決めてください。

◆高齢者は誰でも入居したがらない

人間は高齢になればなるほど、心の柔軟性が失われて新しいことに馴染めなくなります。毎日同じ環境で、同じことをして暮らすのが大好きになり、別のことをするのがいやになるのです。環境を変えるとぼけるから、変えないほうがいいという人がいますが、同じことをしていれば加齢が進むに従い必ず無理がいき、事故も起こりやすい。どこかの時点で安全な場所に移転が必要になってきます。介護専用型ホームはそのときのためのものですが、困ったことに当の高齢者はぜったい動きたくないのです。現在70から80歳以上の人は、老人ホームを「養老院」などといって姨捨山だと思っているので、よけい入居が難しい。家族は「やはり本人が嫌がりますから」と、諦めてしまいがちです。しかし喜んで入る人なんかいません。

自立型は自分で入りたくて入るものですが、それでも「入りたくはないけど、ひとりぼっちになったのでやむを得ず」などと不本意さを漏らす人がいます。こういうのは一見ホームを嫌っているように見えますが、「ではお一人でいたほうがいいですか」と聞かれると「いや、ここは悪くないんですがね」と言い出す。こういうのが高齢者独特の心理ですから、「入りたくない」をあまりまともに受け取らないことです。

入るとたいていけろりとして、職員がみな機嫌を取ってくれますから、喜んで暮らすようになるものです。家族ではとても施設並みのサービスはできないので、尊重されているという実感があるのでしょう。なんとか連れていってしまうことです。

行ってみれば高齢者が想像する養老院とは似ても似つかないから、そうだとは思いません。家族はあまり躊躇して、認知症かもしれない80歳過ぎの人を、一人で放置しないことです。

◎情報の手に入れ方◎

第3章と同様です。ご参照ください。

認知症の場合はグループホームも見学すること。情報は自治体の窓口、㈱タムラプランニングのホームページにあります。要介護度4、5にもなった方は、老人病院情報センター（TEL03―5489―4996）にご相談になるとよろしいでしょう。

ルポ

健常者も要介護者も同料金で入居できる

介護付有料老人ホーム【メルシー東戸塚】

（神奈川県横浜市・入居金0～600万円
月額費用18万～30万円＋光熱費等）

●駅に近く、学校と病院に囲まれたホーム

神奈川県の横浜駅からJRで8分、東戸塚の駅前には、西武デパートやショッピングビルなどが並んでいます。各銀行が店舗を構えており、病院や公園も多い。そんな利便性と緑の多い環境が融合した東戸塚駅東口から徒歩8分。西武などの前を通り過ぎたところに「メルシー東戸塚」があります。（株）ビケンテクノの経営で、この会社は総合ビルメンテナンスや病院経営、フードサニテーション、機内食サービスなど医・食・住環境に関するサービスを提供しているところです。「メルシー東戸塚」は、ビケンテクノグループのさきがけのホームとして平成11年8月に独身寮を改装して開設。当初は高齢者住宅でしたが、平成16年4月に介護付有料老人ホーム（特定施設）となりました。

◎外観

◎居室例

西隣が小学校、東隣に東戸塚相互病院があります。建物のなかに入るとロビー、ダイニングルーム、その奥

には介助用リフトなどを併設した広いバスルームが設けられています。食事はダイニングルームで。ここの食事には定評があり、取材に伺った日の昼食はハヤシライス・サラダ・スープ・デザートなど。温かいスープは温かく、冷たいデザートはほどよく冷えており、ハヤシライスは本格的な味で、実においしい。

3階から6階が居室になっています。全室とも南向きのベランダ付き個室で日当たり・眺望ともによく、しかも駅から近いのに静か。部屋はすべて約10・5畳（17・4㎡）の広さを確保しており、ベッド・エアコン・机・イス・冷蔵庫・トイレ・洗面台を装備。およそ2間分のクローゼット付き。収納スペースが多いので、室内はゆったりとしています。和タンスを持ち込んだり、応接セットを置いたり、入居者はそれぞれに自分の部屋を飾っていました。また、各階に共同トイレ、洗濯・乾燥機が並んだ共同洗面台、談話室もあります。

●ホーム入居のリスクを回避する中期契約システム

「メルシー東戸塚」の特徴の一つが60歳以上であれば誰でも入居ができ、しかも要介護者も健常者も、60歳の人も90歳の人も、入居一時金・月額利用料ともに同額であること（要介護者は介護度に応じてプラス介護保険自己負担分が必要）。実際、介護専用型の有料老人ホームでありながら、入居者は要介護者だけでなく、健常者も多いのです。多くの人が駅前に買い物に行ったり、書道教室に通ったり、自宅にいるのと同じように暮らしを楽しんでいます。もちろん、夫婦どちらかに介護が必要な場合も二人とも同料金で入居できます。

費用は年齢や介護度ではなく、中期契約・長期契約によって異なります。料金システムについて伺いました。「長期契約とは終身契約のことで、入居一時金が600万円。中期契約には2つあり、2年の中期契約A型は入居一時金が200万円。1年更新の中期契約B型は入居金不要で月額利用料がA型より高くなっています（次ページのデータ参照）。中期契約A型で契約して2年を過ごした後に長期契約を結ぶ場合は入居一時金の差額400万円を追加すればOKです。ほかに体験入居やショートステイコースがあります」（営業担当者）。

他のホームにはない中期契約システムを設けたのは入居者のニーズに応えるため。雰囲気に合うか、他の人とうまくやっていけるか。体験入居しても、ホームの住み心地に一抹の不安を抱える人が少なくありません。そこで、体験入居後にまずは中期契約で2年を過ごし、住み心地を納得してから長期契約へ。実際、入居者のほとんどがそのパターンで入居しています。

また、二人で入居の場合は入居一時金が割引となります。部屋は別々の二部屋を契約してもよいですし、二つの部屋をつなげてツインルームにしてもよし（工事費は別）。オーダーメイド感覚で対応してくれますので、まずは相談してみましょう。

●掃除から買物、自宅送迎までフルサービス

入居者の不安やリスクを回避するために、独自の料金システムを作った「メルシー東戸塚」。月額利用料にさまざまなサービスが含まれ、入居後の費用が少なくて済むのもこのホームの特徴といえます。掃除や洗濯、週に一度のシーツ交換、買い物代行などは利用料に含まれており、無料でそれらのサービスを受けることができます。入居後に必要な費用は個人のお小遣いなどは除き、理美容代や医療費、オムツ等の介護用品くらいでしょうか。

「近くの病院への送迎はもとより、ご自宅や子どもさんなどの家、書道教室、日曜礼拝の教会などお客様（入居者）の状況に合わせて車を出しています。56居室のホームですから、その時々で融通を利かせることができます。何より、企業理念である『利用者様第一主義』を追求していくと、おのずとお客様の状況やニーズに合わせるオーダーメイドのサービスになりました」（営業担当者）

入居者側に立つ「利用者様第一主義」。それは、安心のあり方にも反映されています。総合病院の東戸塚記念病院や東戸塚相互病院など提携病院との連携はもちろん、月4回の往診医療があり、そのほかに訪問歯科診療も受けることができます。看護師が常駐しており、夜間は「オンコール」システムを導入。これは、看護師が交代制で携帯電話を持ち、いつ何時でもホームに駆けつけることができる仕組みです。また、「利用料金と入院費では大変」という考え方から、入院時は食費が不要なだけでなく、家賃に当たる金額も軽減されます。さらに近くの病院に入院の際は、洗濯も行なってくれます。

駅近くの立地のよさ、廉価で使いやすい料金システム、安心の医療の仕組み、そして一人一人のニーズに応えるサービス。魅力多いホームといえそうです。

（佐藤ゆかり）

メルシー東戸塚
（介護付有料老人ホーム）

設置主体／株式会社　ビケンテクノ
開設／平成11年8月
〒244-0801神奈川県横浜市戸塚区品濃町509-1
TEL 045-826-6901

●交通　JR横須賀線「東戸塚」駅東口下車、徒歩8分（約700m）

●建物　鉄筋コンクリート造6階建

●定員　56人

●費用　長期契約の場合、入居一時金600万円（5年償却）、月額料金は18万9250円（賃料10万円・食費5万2500円・管理費3万6750円）。中期契約A型の場合、入居一時金200万円（2年償却）、月額料金は20万6250円（賃料11万7000円・食費5万2500円・管理費3万6750円）。中期契約B型の場合、入居一時金なし、月額料金は30万4250円（賃料21万5000円・食費5万2500円・管理費3万6750円）。

●入居について　おおむね60歳以上で自立、要支援および要介護の方。

●居室　全室個室（17.4㎡）。ベッド、机、小型冷蔵庫、エアコン、収納あり。2室をつなげ引き戸をつけた部屋(ツインルーム)もあり。

●共用施設　食堂・浴室（大浴場、一人用浴槽、介助用リフト装備）・便所各階5カ所・洗面洗濯室4カ所・機能訓練室・健康管理室・談話室

●食事　季節の食材を使ったメニューを、栄養管理に基づいて提供。食事制限にも対応。居室配膳・下膳サービスあり。

●入浴　介助の必要な方は週2回(原則火曜日と金曜日)。一人でも入浴可能な方やシャワー浴は随時利用可（事前にスタッフに知らせること）。

ルポ

できるだけ、自宅にいるような生活スタイルを

介護付有料老人ホーム

【せらび八王子】

（東京都八王子市・入居金0～　月額費用23万6500円＋光熱費、他に月額が安くなる前払いの家賃制度あり）

平成16年3月、介護付有料老人ホーム「せらび八王子」は、JR八王子駅からバスで15分の閑静な住宅地に開設されました。運営母体は不動産関連会社のイーエスハウスメイト株式会社です。

すぐ隣には欅が植えられた北大和田公園があり、お買い物がてらに、ぶらりと散策するにはもってこいでしょう。徒歩1、2分で豆腐料理の店やコンビニもあります。八王子駅前はデパートがあり飲食店が多く、バスの本数も多くてたいへん便利な都市型老人ホームです。

真新しい3階建てのホームの中には、3階まで吹き抜けになった中庭があります。自然光が入るので開放感がいっぱい。屋上には、ベンチが置かれて、八王子の街が見渡せる屋上庭園もあります。

◎農園にて

◎外観

●家族との交流が盛んなホーム

受付には笑顔のスタッフ。人の出入りが多く、とても活気にあふれた雰囲気。楽しげな声が飛び交っています。「日曜日やゴールデンウィークには、ご家族がいらして一緒に食事をしようと皆さん出て行かれるので、半分くらいしかいらっしゃいませんね。入居者の7割以上が地元の方なので、365日、ほとんどどなたかのご家族がいらっしゃっているという感じです」と話すのは施設長の桑原一さん。

桑原さんは介護支援専門員・社会福祉士・介護福祉士の資格も持ち、ホーム立ち上げに関わるのが、ここで3件目。有料老人ホームに関わって、すでに20年近いベテランです。入居希望者への説明は、桑原施設長自ら地方にも出かけて、いろいろな相談にのっています。

最近は老人ホームに入居を考えるケースとして、「親が1人になって、夜が心配で」というのがとても多いとのこと。せらび八王子の場合、平均年齢が85歳と高く、90代の方が13人もいますが、要介護度は比較的軽くて、約半数の入居者が要介護1と2。それでも、ご家族たちは「夜、電話がかかってくると、お母さんかな、お父さんじゃないかなと、いつもどっきりしていました。施設にいれば必ず誰かスタッフがいるという安心感があり、不安が解消しました」と異口同音に話しているそうです。

●明るい館内でグループケア

ケアステーションと広いリビングルームは各階にあって、ここでグループごとにお食事をします。白木のダイニングテーブルや本棚、レンジ、ポット、冷蔵庫、テレビ、などが用意され、棚には花やぬいぐるみがいっぱいです。

「各階ごとにお客様を1グループと考えていますが、その人の生活スタイルやニーズに合わせた小さいグループを作ることもあります。スタッフはいつも生活を共にしながら、お世話させていただいています」と施設長。居室はすべて個室で、1階に8室。2階・3階が20室ずつ配置されています。居室のドアを開けると、すぐ横にトイレがあり、トイレの前には自動水栓が付いた洗面台。仕切はカーテンで完全なバリアフリーになっています。居室部分は真新しいフローリングの床に備え付けのベッドが置かれ、白い壁に落ち着いたベージュ色のカーテン。家具は自由に持ち込めるそうです。

健康管理も、ここでは週に1回、医師や歯科医師が来診してくれますからとても安心。トイレとベッドサイドにはナースコールがあるので、緊急時は、4つある提携病院と連携した迅速な対応が取れます。入居者の健康状態はすべてパソコンで管理しているので、どのスタッフも、最新の健康状態を把握した上でお世話できるそうです。

入浴は2階と3階にある一般浴室か、1階の機械浴室で入ります。一般浴室はベージュ色のタイルの壁にシャワーと鏡が付けられ、椅子が置かれています。1人ずつ入れる浴槽はカーテンで仕切れるようになっています。機械浴室は水色のタイルが明るい感じで、横になったまま入浴できる設備も各種完備しています。

●ライフスタイルを尊重する自由な雰囲気が魅力!

お食事はすべて栄養士や調理師など、館内スタッフが心を込めた手づくりなのがうれしい。1日1600キロカロリー程度の、バラエティに富んだ健康に良い食事が提供されています。本日の昼食はトロ鯵の蒲焼丼、すまし汁、大根の煮物、オクラとろろ、ドーナッツ型メンチカツ、グレープフルーツという献立。柔らかめの御飯と骨が抜かれた鯵の蒲焼は食べやすく、オクラとろろはさっぱり。ドーナッツ型に抜かれてゴマがついたメンチカツは珍しく、とてもおいしい。これなら毎日、楽しみになると思えるお食事でした。ホーム近くには

■基本タイプ月額費用

月額家賃	100,000円
運営管理費	73,500円（税込）
食費	52,500円（税込）
水光熱費協力金	10,500円（税込）
合計	236,500円

※運営管理費の内訳／事務管理部門の人件費、施設の維持管理費

■入居プラン と月額費用

	Aタイプ 前払い家賃300万円	Bタイプ 前払い家賃500万円	基本タイプ 前払い家賃なし
施設協力金	50万円	50万円	50万円
前払い家賃	300万円	500万円	0円
74歳まで	−	−	236,500円
75〜84歳 10年充当 ボーナス特典5%	210,250円	192,750円	236,500円
85歳以上 6年充当 ボーナス特典3%	193,580円	164,970円	236,500円

※プランに関わらず、ご契約時に施設協力金として50万円をお申し受けいたします。（入居時一括償却）
※別途費用／介護保険1割負担、一部日用品費
※自立の場合／生活サポート費（月額52,500円／税込）

■ある週の献立表

曜日	日	月	火	水	木	金	土
朝食	ご飯 味噌汁 納豆 五目ひじき煮 漬物 フルーツ	玉子雑炊 れんこんのごま味噌煮 うの花 練り梅 フルーツ	ご飯 味噌汁 千種焼き がぶの煮浸し ポテトサラダ 佃煮	ご飯 味噌汁 肉団子のサット煮 ほうれん草の胡麻和え しばワカメ フルーツ	ご飯 ふりかけ 味噌汁 山菜しぐれ 辛子和え オムレツ	ご飯 味噌汁 一口がんもの含め煮 小松菜のハリハリ漬 焼き物 鯛味噌	ご飯 味噌汁 オクラ納豆 南瓜の煮付け サバの塩焼き フルーツ
昼食	カレーライス スープ 大根サラダ 彩りはんぺん素焼き 福神漬 フルーツ	ご飯 味噌汁 ホッケの塩焼き さつま芋の田舎煮 ドレッシング和え 漬物 フルーツ	ご飯 味噌汁 チーズのはんぺんフライ 春菊のわさび和え 煮豆 漬物 フルーツ	トロアジの蒲焼丼 すまし汁 大根の煮物 トクラとろろ ドーナッツメンチ フルーツ	ご飯 味噌汁 カレイのみぞれ煮 春菊のごま和え 玉子豆腐 餃子 フルーツ	ご飯 赤魚のクリームシチュー トマトマリネ チキンナゲット 佃煮 フルーツ	ご飯 味噌汁 豚肉と大根の旨煮 春雨と野菜のソテー アスパラのごま和え もみ漬 フルーツ
おやつ	牛乳寒オレンジ味	鯛焼き	ホットケーキ	ココアプリン	田舎まんじゅう	フルーチェ	ロールケーキ
夕食	ご飯 味噌汁 メバルのかぶら蒸し 南瓜の含め煮 焼肉コロッケ ゆかり和え	ご飯 中華スープ マーボ豆腐 ほうれん草ナムル さつま揚げ素焼き フルーツヨーグルト	ご飯 すまし汁 サバの甘露煮 もやしの酢の物 金平ごぼう 漬物	ご飯 味噌汁 牛肉と厚揚げの炒め物 マカロニサラダ 佃煮 浅漬け	ご飯 スープ ハンバーグ ポテトサラダ 野菜ソテー フルーツ	ご飯 すまし汁 鶏肉の生姜焼き 玉子豆腐の野菜餡かけ ブロッコリーの和え物 漬物	ご飯 すまし汁 まカジキの和風マヨ焼き ひじきの炒り煮 チンゲン菜のお浸し 漬物
カロリー合計	1530Kcal	1477Kcal	1545Kcal	1604Kcal	1495Kcal	1514Kcal	1547Kcal

「せらび農園」という畑もあり、スタッフと元気なお客様でジャガイモやきゅうり、トマトなどを植えて、成長を楽しんでいます。ここで収穫したお野菜をいただいたら、さぞおいしいことでしょう。納涼会などの行事も、毎月楽しめます。このホームは自由な雰囲気が魅力です。

「できるだけお家にいるような生活のスタイルを守っていければなあと思っています。私はこの仕事を20年近くやってきて、酒もタバコも家と同じにするのが、有料老人ホームの、有料老人ホームたる所以だと思っていますね。できるうちはしたいことをやったほうがいい。ただ、ご病気などがあれば管理する場合もありますが、基本的には自由です」と桑原施設長はご自身の経験から語ってくれました。

（高橋篤子）

せらび八王子
（介護付有料老人ホーム）

設置主体／イーエスハウスメイト株式会社
開設／平成16年3月25日
〒192-0045東京都八王子市大和田町四丁目10番11号
TEL 0426-31-0590

●交通　JR中央線「八王子駅」・京王線「京王八王子駅」よりバス利用「石川入口」で下車して徒歩3分。
●建物　鉄筋コンクリート造3階建
●定員　48名
●費用　「基本タイプ」は入居一時金0円、月額費用は236,500円（月額家賃100,000円・運営管理費73,500円・食費52,500円・水光熱費協力金10,500円）。75歳以上は「前払い家賃制度」を利用できる。300万円の前払い家賃を支払った場合、75～84歳（充当期間10年）ならば月額費用が210,250円、85歳以上（充当期間6年）ならば月額193,580円。前払い家賃が500万円の場合、75～84歳（充当期間10年）ならば月額費用が192,750円、85歳以上（充当期間6年）ならば月額164,970円。いずれの場合も契約時に施設協力金50万円が必要。自立の場合は生活サポート費が月額52,500円必要。
●入居について　入居時自立・要介護（主たる入居者は、入居時において65歳以上で介護が必要である方）
●居室　全室個室。ベッド・冷暖房・トイレ・洗面。家具の持ち込みは自由。
●共用施設　リビングルーム・機械式浴室・浴室・健康管理室・多目的ルーム・屋上・中庭・テラス
●食事　100%給食。管理栄養士・栄養士により、入居者の嗜好、体調に応じた食事を提供
●入浴　週に3回

ルポ

どんな重度な方にも生きる楽しさを

介護付有料老人ホーム【SILVER SUPPORT 星にねがいを】

（東京都葛飾区・入居金450万円〜2700万円
月額費用17万5000円〜19万8000円）

JR小岩駅北口から駅前商店街を抜けて、徒歩15分。（株）サンハートが経営する介護付有料老人ホーム「SILVER SUPPORT星にねがいを」は静かな住宅街の中にあります。開設は平成16年10月なので、まだ新しいレンガ造りの外観。ガラスがはめ込まれたカントリー風の木製の自動ドアを開けると、ロビーから広いフロアが遠くまで見渡せます。奥の方はデイサービスコーナーになっていて、フロアの中ほど左側には、吹き抜けの坪庭もあります。応接セット、花が飾られたテーブルや椅子がゆったりと間隔をあけて配置され、サロンか喫茶店のような雰囲気です。

「ゲストの方が中にいるだけで楽しくなるように、ということで設計していただきました。すべてが手づくりで、家具などもばらばらに揃えていきたいと思っています」と三浦眞澄施設長は言います。館内の壁や家具は、薄いベージュや茶色などで上品に統一され、窓にはクリスマスの飾りつけ。棚には手づくりアクセサリーが並び、随所に女性らしい細やかさが感じられます。

◎外観

●認知症や医療・介護で困っている方すべてOK

この施設の特徴は何といっても、医療が必要な方や重度の認知症の方々を対象としている点でしょう。同じ葛飾区に、姉妹施設「SILVER SUPORTコスモス」が8年前から開設しています。

「どちらの施設も、胃ろう、気管切開、在宅酸素、人口肛門、人工透析など、医療面のバックアップが必要な、ほとんどの病気の方を対象として受け入れてきました。重度の認知症で大声を出す方、暴れる方も大丈夫ですよ」そう力強く語る三浦施設長。彼女のご夫君は、協力病院の1つ、高砂共立病院を経営。医療面で「星にねがいを」と「コスモス」の2つの施設を、しっかりサポートしています。

三浦施設長がホーム経営を考えたのは、20年ほど前に、特別養護老人ホームでボランティアをしたのがきっかけでした。

「高齢者がもっと社会参加ができて、何か生きがいを見つけられるような、デイサービスみたいなものをやりたい」

また、病院に入院していた地元の方たちは、医療保険の制度により長期入院が難しくなり、3カ月経つと退院しなくてはならず、地元を離れて千葉などにあった療養型（介護型）の病院へ移って行きました。それを見て、施設長は「有料老人ホームを作って、そうした方々を受け入れたい」と思ったのです。

「8年前に始めた「コスモス」はこれまで1件もトラブルが無くやってきました。その経験と実績があるから、ここも開設したんですよ」

「星にねがいを」は開設してからまだ一年と日が浅いこともあり、定員75名のところ、23名が入居しています。平均年齢は80歳。3分の2くらいの方々が認知症ですが、施設長の発案で各フロアに漬物桶を置いて、お元気な方はスタッフと一緒に、糠みそに野菜を漬け込んだりして、毎日楽しんでいらっしゃるそうです。

「認知症の方がご家庭の中だけで暮らして、社会との接点が少なくなると、生きがいも無いように見えることがあります。だから、このホームで皆さんの生きがいづくりをさせていただきたかったのです。お役に立ちたい。そう願って、星にねがいをと名付けました」

●安心を支える充実した設備とサービス

館内は3階が重度な方、2階が軽度な方用に分けられています。モニターテレビが付けられたケアステーション付近は賑やかですが、全体的にはとても静か。居室は個室のほかに、2人部屋と4人部屋があり、どの部屋も白や淡い暖色系の配色がほどこされ、トイレは白とグリーン。とても爽やかな雰囲気です。備え付けのロッカーは木製。ベッドの枕元には電気スタンドが付いていて、洗面台、トイレの配置は車イスが使えるようにスペースが十分に取ってあります。4人部屋は、洗面台を挟んで両側にベッドが2床ずつ。一人一人カーテンで仕切れます。

「医療を必要とされる方が多いため、夜間も人の気配があったほうがいい、ということで4人部屋を望まれる方が多いんですよ」と施設長。

館内は広く、ほかにも入居者の相談室や理美容室、談話コーナー、機能訓練室、多目的ホール、家族宿泊室などを完備しています。お風呂は坪庭が眺められる一般浴室・個別対応型の浴室（1人用の浴槽が3つ並んでいて、1つずつカーテンで仕切れるようになっている）、広いタイル張りの特別浴室があり、機械浴の設備が各種揃えられていますから、どんなに重度の介護状態になっても心配ないといえるでしょう。学習療法として、公文式の計算や音読などを昨年から取り入れ、オムツはずしなどの効果を上げています。

毎日のお食事は朝食がバイキング形式。毎週金曜日は選択食で2種類から選べます。もちろん、病人食も状態に応じて完全対応。誕生日にはバースデーケーキが付き、豪華な行事食もあります。
「1日に1回は、ゲストにリラックスしていただきたい。気持ちが良いなあと思ってほしくて、これを初めました」施設長に案内されたのは、びわ灸の部屋。とても良い香りが漂ってきます。ちょうど入居者の方が、気持ち良さそうにびわの葉を身体に乗せて、その上からお灸をしてもらっていました。岩盤浴もあります。岩盤浴は、ドームの中に岩が敷かれ、その上に寝て入浴する個人用サウナのようなもの。発汗作用と遠赤外線効果で、免疫力を高めるとか。「痛みの緩和が目的です。希望者は毎日、無料で入れますよ」と施設長。この他、お花見やドライブ、寄席など、行事も盛りだくさん。ディズニーランドは家族も一緒に楽しみます。
「だからご家族同士、理解が深まり、仲がとても良いんですよ」

（高橋篤子）

SILVER SUPPORT 星にねがいを
（介護付有料老人ホーム）

設置主体／株式会社　サンハート
開設／平成16年10月1日
〒124-0021東京都葛飾区細田4-2-8
TEL 03-5693-4165

●交通　JR総武線「小岩駅」から徒歩15分。京成電鉄「京成高砂駅」から徒歩15分。京成バス利用の場合は「細田交番」バス停下車徒歩1分。
●建物　鉄筋コンクリート造3階建
●定員　定員75名
●費用　入居一時金は部屋のタイプにより異なり450万円～2700万円（償却期間は5年）。保証金は特別居室が100万円、それ以外は50万円。月額利用料は４人室利用で175,000円（管理費115,000円・食費60,000円）、その他の部屋利用だと198,000円（管理費138,000円＋食費60,000円）。
●入居について　おおむね65歳以上の方で、要介護認定を受けられている方、寝たきりの方、居宅において適切な介護を受けることが困難な方。
●居室　一般居室（4人室・45.6㎡）10室、一般居室（個室・14.70～16.34㎡）21室、一般居室（2人室・28.05～29.07㎡）4室、特別居室（2人室・39.28㎡、30.53㎡）3室
●共用施設　談話コーナー、食堂、多目的ホール、機能訓練室、一般浴室、特別浴室、理容・美容コーナー、ご家族宿泊室、車椅子専用トイレ
●食事　1日3食、おやつ、居室・食堂各テーブルへの配膳・下膳サービスあり。行事食あり。
●入浴　週に2回
●併設施設　デイサービス「ケアリゾートお茶のみともだち」

体験手記

マージャンもできるし海外ツアーもあるのです

アミーユ成城南●入居者Aさんのご家族

父は平成17年10月開設時に、千葉県柏市にある特別養護老人ホームから移転しました。移転理由としましては、「どうしても特別養護老人ホームになじめない」「不快」「海外旅行に行くにも許可がいる」「決められた時間にしか外出できない」「まるで監獄」「食事がまずい」「自由がない」など、面会に行くたびに愚痴をこぼしていました。息子の私としても「自分は親不孝をしているのではないか?」と自責の念に耐えられませんでした。

いつかは、同居と考えておりましたが、子供が7歳と3歳と母親の手を離すわけには行かない年齢です。介護の大変さを知っている私にとって、「介護者との共倒れ」を一番心配していたのです。「やさしく」できる距離感というものを維持したかったのです。しかし、父の要望を無視するわけにもいかず、特別養護老人ホームを退所し同居を決断しました。

ちょうどその頃、アミーユ成城南の広告を目にしました。入居金50万円という安さに驚愕し、一桁見間違えたかと思った次第です。家賃も「手ごろ」で父の年金をベースに何とかやっていけそうです。同居までのワンクッションとして「藁をも掴む気持ち」で申し込み手続きをしました。これでだめなら家族共倒れを覚悟で同居しかないと考えました。

ところが奇跡！が起きました。特別養護老人ホームで、あれほど不平不満を言っていた父が、「ここは天国だ。ありがたい」と言っているではありませんか。前の施設は「介護してあげている」という姿勢だが、ここは「介護させていただいている」という姿勢であり大変ありがたいと申しております。施設長の清川さんにも信頼をよせており、他の介護スタッフに関しても良好な関係を保っています。おまけに毎月ツアーがあるし、6月にはアミーユ主催のオーストラリア旅行に行くと張り切っております。医師の判断で海外旅行を禁止されていた前施設とはまったく逆です。しかも大好きなマージャンも支援を受けながらやっているというではありませんか。

勇気を振り絞って聞いてみました。「子育てが落ち着いたら同居するからね」。

答えは意外でした。「ここで、最後まですごす」…。

父への心ある対応、本当に感謝しております。私からは橋本社長が救世主に思えます。入居金が低額でなければ、当行動は起こさなかったでしょうし、無理して同居して家族共倒れの可能性がありました。「入居金なし」の企画もしていると聞いております。私のような「特別な経済力がない」立場の人はたくさんいると思います。どうか今後の発展を祈念しております。

私のような立場の人間（要介護者をもつ中流家庭）に救いの手をさしのべ続けてください。

（「アミーユ」ホームページ「ご家族様の声」より）

◎問い合せ先
アミーユのホームは関西から関東まであり、問い合せは「お客様相談室」へ。
TEL0120−57−2255（平日9時〜18時）

第7章

知っておきたい「重要事項説明書」の読み方

——有料老人ホームを契約するときは

◆たいていの高齢者にはわけの分からない書類

契約書や説明書というものは、部屋を借りるにしても電気器具を買うにしても、必ず付いてくるものです。しかしまじめに一字一句読んで、100%理解するという人はほとんどいないでしょう。パソコンの使用説明書など分からなくて当たり前（近ごろだいぶよくなっているといいますが）みたいに思われています。

高齢者住宅にも当然契約書があり、入居には契約を結ぶことになります。この契約書以外に、特定施設（「特定施設入居者生活介護」事業者として都道府県知事から指定を受けた施設）になっていて、介護保険で介護をする施設は、「重要事項説明書」というものを示し、説明をするよう義務付けられています。介護付有料老人ホームと、特定施設の指定を受けているケアハウスがこれに当たります。

入居するとなると、必ずこの書類がでてきて施設側が説明をします。しかし聞いているほうはパソコンの説明書と同様、あまり分からないがまあ大丈夫だろうくらいの気持ちで、聞き流してしまうのがふつうでしょう。入居者が弁護士や公認会計士など、契約がお手のものの人ならばしっかり検討するでしょうが、一緒に入る奥さんはそばでぼんやりしている。夫がいるうちはいいが、先に亡くなられたりするとなんにも知らない奥さんと、トラブルになることがあります。

けっして聞き流していいものではなく、注意が必要ですから、詳しい人に必要なポイントを説明してもらいました。説明する人は「老人ホーム情報センター」主任研究員で、長年全国の有料老人ホームを見て歩き、業界の事情に詳しい水落時子です。聞き手は本書の編著者である和田好子。

和田　重要事項説明書には、決まった形式があるのですか？

水落　はい。決まった形式はあるのですが、注意しなくてはいけないことは、重要事項説明書は二種類あるのです。「有料老人ホーム設置運営指導指針」に基づくものと、介護保険法よる「特定施設入所者生活介護」に基づく重要事項説明書です。この二つの重要事項説明書は同じ記載事項が多いので、ひとつにまとめているホームもあります。

和田　ホームのパンフレットを取り寄せたら、重要事項説明書も付いてきますか？

水落　黙っていてはついてきません。いっしょに送れと頼むことです。それでもくれないところもありますが、有料老人ホーム協会に加盟しているところなら大丈夫です。

和田　それでは実際に、読みながら伺いましょう。ある大手有料老人ホーム（油壺エデンの園）の重要事項説明書を用意しました。（240ページに掲載。これを見ながら、以下のやり取りをお読み下さい。）

水落　このホームの重要事項説明書は、二つを一つにまとめていますね。3、4カ所のものを読み比べるといいんですよ。違いが分かるから。

◆まず経営の根幹に関わることから

水落　「**1　事業主体概要**」（240ページ）というところですが、目の付けどころは「主な出資者」と「他の主な事業」ですね。「主な出資者」の欄に、おなじ姓の人が何人も並んでいるようなら、同族会社です。こういうところの施設長はオーナーですから、転勤なんかない。ずっとつきあうことになるので、その人と気が合わないと居づらいです。そこを注意してください。たとえオーナーが死んだとしても、息子がなる。

和田　そして一生動かない（笑い）。

水落　多くの人が出資している会社は、施設長は何年かごとに交代することがあります。

和田　三菱系の会社がいくつも出資してできたホームがあるが、個人名がでてこない場合もありますね。

水落　「○○商事100％出資」と書いてあれば、○○商事の子会社だということですね。こういうところの入居者は、その○○商事関係の人が多い場合があります。

和田　「他の主な事業」というところは、注意が必要。これは怖いですよね。老人ホームが倒産する主な原因は、募集がうまくいかず空き室が埋まらないか、他の事業にお金を回して失敗するか、どちらかの例が多いと聞いています。

水落　そう、ですからほかにいろんな事業をやっているホームは、決算書を見る必要があります。ホームだけでなく、全体の業績をまとめた連結決算書を見ないと怖いです。看護学校とかクリーニング業とか、従業員のための保育所とか、ホームに関連した事業を多角的に行っていたりするのはまずよろしい。病院を持っているという場合があります。病院は多くの経費がかかりますから採算面で要注意です。

和田　ホームが持っている病院じゃなく、病院が持っているホームで、病院が倒産して巻き添えになった例を知っています。病院は案外危ない。

◆自立型か介護型か

水落　「**2　施設概要**」（240ページ）ですが、介護保険法がスタートしてから、自立型のホーム（入居時、身の回りのことが自立してできる人を対象とする）も、介護型のホーム（入居時すでに介護が必要な人を対象とする）も、同じく「介護付有料老人ホーム」と表示することになったのです。そこでこの（2）の欄の、「施設の類型及び表示事項」というのを確かめないと、自立型なのか介護型なのか分からないんですよ。

和田　リストだけ見ても区別はつかない。一般の人には、自立型と介護型はそれぞれ入居条件が違う、ということすら分かっていないんですよね。

水落　（2）には「居住の権利形態・入居時の要件・介護保険・介護居室区分・介護にかかわる職員体制」などとありますが、この介護にかかわる職員体制をよく見てください。「介護付」と表示のあるホームは、特定施設入所者生活介護（介護保険の給付を受けて、介護ができる人員・設備・運営を整えている施設）事業者として都道府県知事の指定を受けているのです。その場合介護保険法では、介護を受ける人３人につき介護職員が１人いればいいことになっていますが、有料老人ホームでは２人につき１人とか、この例のホームでは１・５人につき１人になっていますが、それだけ手厚い介護体制を持つところが少なくありません。しかしそうなると上乗せ介護費といって、介護費をべつに取るわけですよ。そこを確かめること。

「交通の便」にも注意がいります。最寄りの駅からのバス便が書いてある場合、一時間に一、二本しか出ていないこともあります。ちょっと遠い駅からなら、頻繁にバスが出ていることもあるので、詳しく調べることをお勧めします。

「居室」の欄では、生活する一般居室と、介護を受ける介護居室の割合に注意してください。自立型は事業者の定めた割合の介護居室があり、介護型ならばすべてが介護居室になるわけです。この例のホームは「自立型」ですが、一般居室３９０室に対して介護居室32室。少ないですね。介護居室は一般居室の15％くらいはほしいですね。

和田　介護型は居室がせまくて入居金が安いですよね。一般には介護型と自立型の区別が分からなくて、安いからといって見学に行き、「こんなにせまくちゃ暮らせない、老人ホームなんてダメだ」と思い込んだりするんですよ。介護型の居室はまあ病院の個室みたいなものですから。自立型は生活の場だから、もっと広いですよね。

水落　ではその入居一時金にいきましょう。

◆入居一時金とは何か

水落　「**3　利用料**」（237ページ）の項目の「入居一時金」は部屋のタイプ、広さや南向き北向きなどの位置によって金額が異なります。そこで入居金は○○円から○○円という書き方がしてあります。このホームのパンフレットを見ると、居室の図面などが載っていて具体的でよく分かりますね。入居一時金の使途は、介護サービス料とも相関関係はありますが、家賃と考えられています。「**解約時の返還金**」をよく確かめてください。償却期間が何年かが大切です。（償却期間内に退居したり亡くなるなどすれば、定められた割合で一時金が返還される。償却期間を過ぎると返還金はない）。

和田　この例のホームでは、償却期間が10年ですけど、他ではどうですか。

水落　厚生労働省では、最初15年といっていたんですが、今は一般的に10年です。介護型の場合は5年というところが多いですね。

和田　初期償却というのが、この例のホームでは15％ありますね。初期償却というのは、ちょうど賃貸契約のときの権利金みたいなものだと思うんですが、15％はまず差し引かれて、返還の対象にならないんですね。

水落　いわゆる頭取りですね。それをしないホームもありますが、代わりに償却年数が短いとか、さまざまな方法でそれにかわる徴収方法を考えて、取っています。入居一時金を保証金、入居金、施設利用料の三つに分けてしまって、入居金の部分しか返還の対象にしないところもあるんですよ。
和田　初期償却は「90日以内の解約を除く」とありますが、これはどういうこと？
水落　クーリングオフの制度ですね。期間は1カ月とか3カ月とかいろいろあります。それらの決められた期間内に退去する場合は、入居していた間の家賃はいただくけれど、入居金は頭取りしないでお返ししますってことなんです。契約後入居をとりやめたら、住んでもいないのに初期償却金を頭取りされたって苦情が何件かあったんです。5000万円の入居金だったら、15％といっても相当な金額ですからね。そこでこういう制度が作られました。
和田　二人で暮らせる広い部屋の入居金が4000万円だとして、そこへ二人で入ると、二人目の人は別に1000万円入居金を上乗せして取られるというのがありますね。これはどう考えたらいいでしょう。
水落　老人ホームというのはマンションと違って、共用部分がとても広いんです。食事を出しますから厨房、食堂、大浴場、フロントや医務室などいろいろな設備があります。二人目の入居金1000万円というのはこの共用部分の使用料です。最初の入居金4000万円には部屋代（一生涯分の家賃）と一人分の共有部分の使用料が含まれているのです。
和田　分かりました。それでもし、どちらかが亡くなったら（償却期間内に）どうなるんでしょう。
水落　この例のホームでは、追加の1000万円を年数で割って、返還すると書いてあります。残った一人がまだ部屋は使っているわけですから、その人が解約するとき4000万円が返還の対象になるわけです。追加の入居金は返還されるかどうかを、よく確かめておいたほうがいいです。それから「**一時金の返還金の保全措置**」（232ページ）というところですが、返還金について保証があるかどうかということです。オープンして間もないホームなら、これがあったほうがいいですよね。しかし入居率が8割を超えると、どこのホームもこれをはずしています。保証料が高いからです。親会社が保証しますというところもあります。

◆介護費用の一時金

和田　介護費用の一時金というのもあるんですね。

水落　介護保険を上回る手厚い介護をしますということで、これを徴収しています。この費用を徴収するホームは介護を受ける人2・5人につき、1人以上の介護スタッフ（常勤に換算して）をつけなければいけないんです。この例のホームでは、介護費用の一時金を取っていますが、解約時に返還しますから（10年償却）良心的ですね。1年で償却されてしまうところもあるし、一括償却の（返還しない）ところもあるんですよ。

和田　これは注意が必要ですね。

水落　一括で取らず毎月取る、というのもあります。この場合、要介護度（介護保険の認定で）により一律いくらと決めてあるか、サービスをしただけその都度払いで清算するか、大きく分けて二つのやり方があります。その都度払いの場合、いくらかかるか予想がつかないから要注意です。これは重要事項説明書についてくる「介護サービス一覧表」で見るとよく分かります。
介護保険の認定を受けていない、自立した人がいろいろなサービスを受けたいという場合、規定内のもの以外は有料になるのがふつうです。

和田　この例のホームでは入居者が80歳を超えると、介護保険の認定を受けていない自立の人でも、掃除や洗濯を週一回とか、無料でしてくれるサービスがあるように聞いています。もしあるなら、あらかじめ調べておきたいですね。

水落　「**介護保険に係る利用料**」（232ページ）の欄では、市町村によって1割の自己負担額が違ってきます。これもよく見ておく必要がありますね。
消費税ですが、この「介護保険にかかわる利用料」と入居一時金は非課税です。あとはすべてかかります。今は消費税込みで表示するようになっていますが、ホームによってはまだ消費税別途のところもあるので、それだけ安く見えますから気をつけてください。「**4　サービスの内容**」（231ページ）は、どこのホームでも同じようなものです。

和田　「**5　介護を行う場所**」（230ページ）を見ると、一般居室でも介護を行なうことが分かりますね。

水落　一時介護室（医務室の側などにある。かぜなど一時的な病気のときに介護を受ける部屋）を利用するのは、共用部分ですから無料です。もちろん居室の利用権もそのままです。しかし長期の介護を受けるため介護居室に移ると、それまでの居室の利用権も介護居室に移って、一般居室からは退居したことになるホームもあります。介護居室の数は限られているので、介護の必要度が少ない人は、いままで住んでいた居室で介護を受けるのが一般的です。

◆職員の配置が分かる

水落　「**8　職員体制**」（227ページ）はとても大切です。「常勤換算後の人数」というのは、パートなどの非常勤の人を、常勤者と同じ勤務時間に換算して何人いるかということをあらわします。「介護にかかわる職員体制」は、この常勤換算で介護職員1人が介護を受ける人を何人お世話しているかを見てください。この例のホームでは要介護者1・5人に介護職員1人になっており、職員の配置は非常に厚いことが分かります。「従業者の勤務態勢の概要」のところでは、早番、日勤、遅番、夜勤それぞれの時間帯で、職員の人数が何人か注目してください。

◆退居するとき

水落　「**9　入居・退居等**」（226ページ）にある「入居者の条件」ですが、以前は年齢が60歳以上というところが多かったのですが、最近は65歳以上というのが主流ですね。60歳ではいる人がいないし、長生きになりましたからね。

「契約の解除」は、事業者（ホーム側）から解除するには90日以上の予告期間をおかなきゃいけない、というようになかなか難しいのですが、入居者からの解除は簡単です。入居一時金の返還は30

日以内というところもあれば、月賦で返すというのもある。ちゃんと返してくれないと、よそへ移ろうという場合なんか困ります。これも確認が必要ですね。

◆介護サービス一覧表

水落　重要事項説明書には、サービス内容を表にした「介護サービス一覧表」が添付されています。これを見ると介護が必要になったとき徴収される費用がよく分かります。介護保険・介護費用一時金・月額利用料内のサービス、それ以外のその都度払う有料サービスなどが、みなそこに書かれています。注意して見て欲しいのは、**何が有料サービスなのか**ということです。

入居一時金と介護の有料サービスには相関関係があります。入居一時金が安ければ有料サービスが多くなるのです。入居一時金が1000万円以下のホームは、有料サービスが多くて、どれだけ追加費用が必要か分からないホームがありますから注意が必要です。

和田　入居一時金にも適正価格があるようですね。とにかくこの重要事項説明書を、しっかり読んでみて、分からないところは説明を求める。そして納得の上で入居を決めるべきですね。

油壺エデンの園重要事項説明書
（特定施設入所者生活介護サービス）
（東京都消費生活条例による表示）

1 事業主体概要

作成日　平成18年1月1日

事業主体名	社会福祉法人聖隷福祉事業団
代表者名	理事長　山本敏博
所在地	静岡県浜松市住吉二丁目12－12
資本金(基本財産)	38,088,280,327円(登記上資産総額・平成17年3 月31日現在)
主な出資者(出捐者)とその金額	昭和5年から始まった社会福祉事業で、当欄に記述すべき該当者等はない。
設立年月日	昭和5年5月1日
直近の事業収支決算額	(収益)74,849,484,960円　(費用)73,045,243,353円 (損益)1,804,241,607円 ※平成16 年度における事業団全事業の収支合併値
主要取引金融機関	りそな銀行浜松支店・UFJ 銀行浜松支店 他
会計監査人との契約	なし
他の主な事業	病院5施設、健診センター2施設、介護老人保健施設2施設、身体障害者療護施設・救護施設、在宅サービス、軽費老人ホーム3施設、特別養護老人ホーム11施設、保育所8施設、等

2　施設概要

施設名		高齢者世話ホーム油壺エデンの園
施設の類型及び表示事項	**類型**	①介護付　　2 住宅型　　3 健康型 ※介護付有料老人ホーム 介護や食事等のサービスが付いた高齢者向けの居住施設です。介護が必要となっても園が提供する特定施設入所者生活介護を利用しながら園の居室で生活を継続することが可能です。
	居住の権利形態	1 賃貸　　2 終身賃貸　　③ 終身利用権 ※一時金方式による終身利用権です。
	入居時の要件	①自立　　2 要介護　　3 自立・要介護 ※入居時において自立である方です。
	介護保険	①県指定介護保険特定施設(番号1472700127号) 2 介護保険在宅サービス利用可
	居室区分	①全室個室　　2相部屋あり
	介護にかかわる職員体制	2.5：1以上 ※現在及び将来にわたって要介護者5人に対して職員2人（要介護者2.5人に対して職員1人）以上の割合（年度ごとの平均値）で職員が介護に当たります。これは介護保険の特定施設入所者生活介護で、手厚い職員体制であるとして保険外に別途費用を徴収できる場合の基準以上の人数です。
	提携ホームの利用等	1 提携ホーム利用可(　　　非該当　　　) 2 提携ホーム移行型(　　　非該当　　　)

開設年月日	昭和61年11月1日
施設の管理者名	芝脇和春
所在地・電話番号	〒238-0224　神奈川県三浦市三崎町諸磯1500 電話 046-881-2150　　FAX 046-881-0863
交通の便	京浜急行線「三崎口駅」より5.7km ①タクシーの場合：約10分 ②バス利用の場合：駅前バスターミナル、京浜急行バス「油壺（マリンパーク）行」（1番乗り場）で「シーボニア入口」バス停下車（所要時間約15分·4.5km)、徒歩約15分（1.2km）
敷地概要	権利形態　所有（抵当権設定有）・借地 敷地面積　22,619.53㎡
建物概要	権利形態　所有（抵当権設定有）・借家 ①1号館　ＰＣ工法造　地上5階建　（耐　火・準耐火・その他） ②2号館　ＰＣ工法造　地上5階建　（耐　火・準耐火・その他） ③3号館　ＰＣ工法造　地上5階建　（耐　火・準耐火・その他） ④5号館　ＰＣ工法造　地上5階建　（耐　火・準耐火・その他） ⑤6号館　ＰＣ工法造　地上5階建　（耐　火・準耐火・その他） ⑥7号館　ＰＣ工法造　地上5階建　（耐　火・準耐火・その他） ⑦8号館　鉄筋コンクリート造　地上5階建　（耐　火・準耐火・その他） ⑧9号館　鉄筋コンクリート造　地上5階建　（耐　火・準耐火・その他） ⑨共用棟　鉄筋コンクリート造　地下1階地上4階建 （耐　火・準耐火・その他） ⑩介護共用棟　鉄筋コンクリート造　地上5階建 （耐　火・準耐火・その他） ⑪南共用棟　鉄筋コンクリート造　地下2階地上2階建 （耐　火・準耐火・その他） 延床面積　35,199.75㎡（同一建物内にある診療所を除く） 共用部延床面積15,513.69㎡ 竣工年月日　1号館～7号館、共用棟　昭和61年11月1日 介護共用棟　平成8年6月1日 8号館、9号館、南共用棟　平成15年11月1日 建築確認の用途指定　有料老人ホーム・その他(　　　　)
専用居室（一般居室・介護居室）、一時介護室（静養室）の概要	居室総数420室　定員550人(一時介護室を除く) (内訳)

	居室定員	室　数	面　　積
一般居室	個　　室	390室	32.40㎡～88.95㎡ (最多40.50㎡)
介護居室	個　　室	30室	24.80㎡～32.40㎡ (最多24.80㎡)
一時介護室 (静養室)	個　　室	4室	24.80㎡

※入居者に対して適切な介護を提供するために必要と事業者が判断する場合、専用居室を施設内の介護居室に変更していただく場合があります。また、一時介護室（静養室）は共用施設です。
(11～13ページ「5介護を行う場所」参照)

<table>
<tr><td rowspan="28">共用施設・設備の概要(設置箇所、面積、設備の整備状況等)</td><td colspan="2">共同生活室(ユニットケアの場合)</td><td colspan="2">なし</td></tr>
<tr><td colspan="2">食堂</td><td colspan="2">共用棟2F(277.27㎡)
南共用棟1F(149.98㎡)</td></tr>
<tr><td colspan="2">浴室(一般浴槽)</td><td colspan="2">共用棟1F(149.98㎡)
南共用棟地下1F(158.5㎡)</td></tr>
<tr><td colspan="2">浴室(特別浴槽)</td><td colspan="2">介護共用棟3F(64.16㎡)
介護共用棟4F(51.84㎡)</td></tr>
<tr><td colspan="2">便所</td><td colspan="2">設置箇所　14箇所</td></tr>
<tr><td colspan="2">洗面設備</td><td colspan="2">設置箇所　2箇所</td></tr>
<tr><td colspan="2">健康管理室</td><td colspan="2">介護共用棟5F(8.60㎡、言語訓練室と共用)</td></tr>
<tr><td colspan="2">相談室／応接室</td><td colspan="2">相談室　介護共用棟2F(10.53㎡)
応接室　介護共用棟2F(9.18㎡)
相談室　南共用棟1F(14.00㎡)</td></tr>
<tr><td colspan="2">事務室</td><td colspan="2">介護共用棟2F、南共用棟1F</td></tr>
<tr><td colspan="2">宿直室（夜警室）</td><td colspan="2">介護共用棟1F、南共用棟1F</td></tr>
<tr><td colspan="2">看護・介護職員室</td><td colspan="2">介護共用棟3F、4F</td></tr>
<tr><td colspan="2">機能訓練室</td><td colspan="2">介護共用棟４F(ケアサロンと共用)</td></tr>
<tr><td rowspan="10">健康・生きがい施設</td><td>名　称</td><td>設置場所</td><td>面　積</td></tr>
<tr><td>多目的ホール
(しおさい)</td><td>介護共用棟1F</td><td>149.60㎡</td></tr>
<tr><td>集会室</td><td>介護共用棟2F</td><td>37.80㎡</td></tr>
<tr><td>大会議室</td><td>介護共用棟2F</td><td>47.12㎡</td></tr>
<tr><td>多目的ホール
(ゆうなぎ)</td><td>南共用棟地下1F</td><td>260.28㎡</td></tr>
<tr><td>クラブ室１</td><td>南共用棟地下1F</td><td>32.40㎡</td></tr>
<tr><td>クラブ室２</td><td>南共用棟地下1F</td><td>34.88㎡</td></tr>
<tr><td>和室</td><td>南共用棟1F</td><td>28.12㎡</td></tr>
<tr><td>茶室</td><td>南共用棟1F</td><td>7.84㎡</td></tr>
<tr><td>プレイルーム</td><td>南共用棟地下1F</td><td>24.17㎡</td></tr>
<tr><td colspan="2">洗濯室</td><td colspan="2">介護共用棟4F(35.68㎡)</td></tr>
<tr><td colspan="2">汚物処理室</td><td colspan="2">介護共用棟3F・4F</td></tr>
<tr><td colspan="2">外来者宿泊室
（ゲストルーム）</td><td colspan="2">7号館1F 和室タイプ2室(30.50㎡)
洋室タイプ3室(26.20㎡)
8号館1F 1 室(45.45㎡)
※施設利用は別途費用がかかります。</td></tr>
<tr><td colspan="2">エレベーター</td><td colspan="2">14基(うち10基につきストレッチャー搬入 (可)・否)</td></tr>
<tr><td colspan="2">スプリンクラー</td><td colspan="2">共用棟・介護共用棟・南共用棟</td></tr>
</table>

その他共用施設	図書室、ケアサロン、銀行相談室、リラクゼーションルーム、喫茶、ゲストルーム、トランクルーム、駐車場、駐輪場、菜園、売店(テナント)、美容室(テナント)等 ※下線部の施設利用は別途費用がかかります。(7〜10 ページ参照)
緊急通報装置等 緊急連絡・安否確認	緊急通報装置等の種類及び設置箇所 ①各居室に緊急連絡装置（室内・浴室・トイレ）及び生活リズムセンサー（玄関ドア等）を設置 ②大浴場・共用トイレ・共用部廊下に緊急連絡装置を設置 ③エレベーター内にインターホンを設置 ④夜間は介護スタッフ及び警備員（委託）にて対応 ⑤食堂にて喫食状況の確認 安否確認の方法・頻度等 ①生活リズムセンサーにて12 時間動きが確認されなかった場合には、フロントとケアステーションに通報され、職員に異常を知らせます。 ②食事の申込をされている方が欠食届を出さずに食事を取らなかった場合には、安否確認の連絡を入れます。 ③日中は必要に応じ1 日1 回居室を巡回します。また、介護居室・一時介護室（静養室）につきましては、日中、夜間とも必要に応じ2〜3時間に1 回以内巡回します。
同一敷地内の併設施設または事業所等の概要	○油壺エデンの園附属診療所（同一法人経営）1062.02㎡ 外来：内科、呼吸器科、リハビリテーション科、精神科、整形外科 入院：19床　介護療養病床　13 床（番号1412700482 号） 医療療養病床　6 床 通所リハビリテーション油壺エデンの園 通所リハ（番号1472700192 号） ◎せいれい訪問看護ステーション油壺（同一法人経営） 訪問看護（番号1462790012 号） ◎せいれいヘルパーステーション油壺（同一法人経営） 訪問介護（番号1472700200 号） ◎せいれいケアプランセンター油壺（同一法人経営） 居宅介護支援（番号1472700036 号） ◎印の事業所すべて合わせて141.75㎡
有料老人ホーム事業の提携ホーム及び提携内容	—

3　利用料

費用の納入方式	契約時一括納入（入園金）と月払いの利用料及び都度払い費用 ※入園金とは、入居一時金(非課税)と特別介護金の本体価格の合計額です。 ◎入居申込金・支払方法 入居申込金として、申し込み時に10万円をお支払いいただきます。原則として申し込み1ヶ月以内にご契約いただきます。申込金は、ご契約の際、入園金に充当しますので、ご契約時に申込金（10万円）を差し引いた残金を銀行振込みにてお支払いいただきます。 ◎入居前解約の場合の違約金 申し込み取り消しの場合、理由の如何を問わず申込金（10万円）は返却いたしません。

入園金

内訳

入居一時金（介護等一時金を除く）

○1 人目入居一時金：2,150 万円～7,620 万円

（単位：万円）

タイプ	入居一時金	タイプ	入居一時金
A	2,150	CD7	3,880～4,630
B	2,590	DE1	4,020～4,810
C	3,210	DE2	4,000～4,770
D	3,790	DE3	4,010～4,740
E	4,480	F1	4,380～5,170
BC1	2,920～3,710	F2	5,730
BC2	2,950～3,520	F3	4,840～5,360
BC3	2,910～3,200	F4	4,810～5,590
BC4	3,010～3,560	F5	5,630
CD1	3,310～3,490	F6	5,920
CD2	3,380～3,990	G1	6,320
CD3	3,550～4,250	G2	6,390
CD4	3,460～4,060	G3	6,600
CD5	3,490～4,190	G4	7,620
CD6	3,570～4,220		

最多価格 B タイプ2,590 万円:97 室

○2 人目入居一時金：一律1,000 万円
○追加入居一時金：追加入居契約締結時の2人目入居一時金の額

使途

1人目入居一時金：
　専用居室(一般居室・介護居室)、共用施設を終身利用していただくための費用
2人目入居一時金・追加入居一時金：
　共用施設を終身利用していただくための費用
※入居者の行動が、他の入居者の生命及び財産に危害を及ぼす恐れがあり、かつ入居者に対する通常の介護方法ではこれを防止できない場合、事業者から契約を解除することがあります。（15～17ページ「9　入居・退去等」参照）

解約時の返還金（算定方法等）

①1人目入居一時金：（千円未満切上）

$$入居一時金 \times \frac{120ヶ月 - 入居契約月数}{120ヶ月} \times 0.85$$

②2人目入居一時金：（千円未満切上）
　2人入居で1 人目が先に退去する場合の算定式
　（先に2 人目入園金を精算します）

$$1{,}000万円 \times \frac{120ヶ月 - 入居契約月数}{120ヶ月} \times 0.85$$

<table>
<tr><td rowspan="3">内
訳</td><td>解約時の返還金（算定方法等）</td><td>③追加入居一時金：2人目入居一時金と同じ算定式になります。
※算式①・②の入居契約月数とは、退去時返還金算出基準日が属する月から居室の明け渡し日が属する月までの月数をいいます。
※2人入居でおひとりのみ解約となられた場合は、算式②から算出された金額を返還します。
※2人入居で2人とも同時に解約となられた場合は、算式①・算式②から算出された金額の合計額を返還します。
※上記のいずれも入居契約後満10年を経過している場合、返還金はなくなりますが、入居一時金の追加もありません。
※入居一時金の15%は、入居契約期間にかかわらず返還されません。（入居契約後90日以内の解約を除く。17ページ「90日以内の契約終了」参照）

～1 人目入居一時金の返還金例～
最多価格帯B タイプ2,590 万円の場合
（単位：千円）
<table><tr><td>経過年数</td><td>1 年</td><td>2 年</td><td>3 年</td><td></td></tr><tr><td>金　額</td><td>19,814</td><td>17,612</td><td>15,411</td><td></td></tr><tr><td>経過年数</td><td>4 年</td><td>5 年</td><td>6 年</td><td></td></tr><tr><td>金　額</td><td>13,209</td><td>11,008</td><td>8,806</td><td></td></tr><tr><td>経過年数</td><td>7 年</td><td>8 年</td><td>9 年</td><td>10 年</td></tr><tr><td>金　額</td><td>6,605</td><td>4,403</td><td>2,202</td><td>0</td></tr></table></td></tr>
<tr><td>介護費用の一時金</td><td>特別介護金262万5千円（本体価格250万円）／1 人
※費用設定時の長期推計額は、要介護者等の人員過配置サービス費250万円（本体価格）です。人員を基準以上に配置して提供する介護サービスのうち、介護保険給付（利用者負担分を含む）による収入でカバーできない額に充当するものとして合理的な積算根拠に基づきます。
※当園では、要介護者等2.5名に対し週37.5時間換算で常勤換算1名以上の看護介護職員により介護を行なっています。</td></tr>
<tr><td>解約時の返還金（算定方法等）</td><td>入居一時金の計算式に準じて計算。
※特別介護金については、返還金額に応じた消費税額等も併せて返還します。（消費税の計算は円未満切捨）

～特別介護金の返還金（税込価格）～
（単位：千円）
<table><tr><td>経過年数</td><td>1 年</td><td>2 年</td><td>3 年</td><td></td></tr><tr><td>金　額</td><td>2,008,125</td><td>1,785,000</td><td>1,561,875</td><td></td></tr><tr><td>経過年数</td><td>4 年</td><td>5 年</td><td>6 年</td><td></td></tr><tr><td>金　額</td><td>1,338,750</td><td>1,115,625</td><td>892,500</td><td></td></tr><tr><td>経過年数</td><td>7 年</td><td>8 年</td><td>9 年</td><td>10 年</td></tr><tr><td>金　額</td><td>669,375</td><td>446,250</td><td>223,125</td><td>0</td></tr></table></td></tr>
</table>

月払いの利用料 ※料金はすべて税込価格		管理費及び食費 1人入居の場合：127,575円／月 2人入居の場合：208,425円／月
内訳	管理費	1人入居の場合：77,175円 2人入居の場合：107,625円
内訳	管理費・使途	①園の運営のための人件費 ②自立者への生活支援サービス提供のための人件費 ③入居者の健康管理体制を維持するための費用 ④健康管理サービス費用（13～14ページ（2）医療・機能訓練・健康管理サービスの概要」内、健康管理・機能訓練を参照） ⑤施設の維持管理のための費用 ⑥共用施設の水光熱・冷暖房料 ⑦その他園の管理運営に要する費用
内訳	食　費	1人入居の場合：　50,400円 2人入居の場合：100,800円 上記金額は1日3食30日の場合です。各料金は、朝326円・昼546円・夕809円。料金の請求は、喫食数に応じて計算します。 食事は予約制になっています（昼・夕は2種類の選択制）。予約されている食事を欠食される場合は、「欠食届」を2日前の午後5時までにフロントにご提出ください。 ※請求の際は消費税の円未満の端数処理により、税込料金と領収金額が異なることがあります。 ※行事食等の特別食は、メニューにより料金が異なります。
内訳	水道料	園が検針し、2ヵ月に1度園より請求いたします。 10m^3までは基本料金2,100円。 10m^3超える場合は、基本料金に(使用量－10m)×210円の従量料金を加算します。
内訳	給湯料	1号館～7 号館の居室は園が検針し、2ヵ月に1 度園より請求いたします。 2m^3までは基本料金2,100円。2m^3を超える場合は、基本料金に（使用量－2m^3）×735 円の従量料金を加算します。 8号館・9号館の居室は、電気式給湯器を備えているため給湯料はかかりません。ただし設備機器の使用による電気料は、その他の電気料とともに東京電力と個人契約、直接払いとなります。
内訳	電話料	1号館～7号館の居室は、外線はダイヤルイン方式を採用していますので、基本料金630 円に通話料を加算し、毎月、園より請求いたします。（電報料についてはフロントにて現金でお支払いください。） 8号館・9号館の居室は、外線はNTT東日本と個人契約、直接払いとなります。また、この他に内線利用料105円がかかります。
内訳	電気料	東京電力との個人契約、直接払いとなります。
内訳	暖房料	1号館～7号館の居室は暖房供給設備運転期間中（原則として11月～3月）暖房料をお支払いただきます。料金は居室タイプにより異なります。

内訳	暖房料	定額方式：Aタイプ　2,898円 ・ Bタイプ　3,749 円 （1ヵ月）Cタイプ　4,631円 ・ Dタイプ　5,639 円 Eタイプ　6,279円 8号館・9号館の居室は、電気式床暖房を備えているため暖房料はかかりません。ただし設備機器の使用による電気料は、その他の電気料金とともに東京電力との個人契約、直接払いとなります。
	家賃相当額	入居一時金に含まれるため不要です。
	駐車場	利用者は18,900円／年
	トランクルーム	利用者は 8,400円／年
	菜園	利用者は 2,100円／年
長期不在時等の取扱い		入居契約日以後に入居していない場合や長期不在等の場合でも、管理費・水道料・給湯料（1～7号館）・電話料（1～7号館は基本料金＋内線利用料。8～9号館は内線利用料）の基本料金並びに暖房料（1～7号館）はお支払いいただきます。

都度払い費用	
介護費用	①要介護者等の個別的な選択により提供される個別的な介護サービスにはサービス利用の都度、費用がかかります。 ※個人の希望による外出介助 月1回1日1時間を超えた場合、30分ごとに750円（税込価格） ・付添を含め交通費は実費負担です。 ※指定医療機関・協力医療機関以外への通院または入退院の際の付添介助（神奈川県内・東京都内に限る） 職員1 人につき2,100 円／1日(税込価格) ・付添を含め交通費は実費負担です。 ・指定医療機関とは、三浦市内・横須賀市内の病医院と、「聖隷横浜病院」、「聖マリアンナ医科大学横浜市西部病院」です。 ・協力医療機関とは「油壺エデンの園附属診療所」です。 ②おむつ、消耗品等は実費を負担していただきます。 ※園が必要と認めた場合は、要介護者等以外の自立者にも同種のサービスを提供します。
有償家事サービス	介護サービス・生活支援サービスの対象とならない方の個人的な希望により実施するサービスです。（委託業者による居室清掃） 1,575円／スタッフ2名30分
ゲストルーム利用料	大人（中学生以上）1泊1名　4,200円 小学生以下　1泊1名　3,150円
来客食	入居者以外の外部利用者の価格。 朝431円、昼651円、夕914円 ※アラカルトメニューについては、メニュー価格をご負担いただきます。
アラカルトメニュー(昼食、夕食時)	メニュー価格をご負担いただきます。

レクリエーションにかかる費用	内容により費用が必要となります。
文化教養活動にかかる費用	活動内容により費用が必要となります。
貸し布団代	1泊1組　1,050円ただし2泊目以降1組210円
貸し寝巻き代	1回1着　210円
喫茶料金	メニュー価格を実費自己負担
食堂での飲み物代（夕食時のみ）	ワイン(赤・白) ボトル1本 315円・グラス1杯 105円
コピー料金	白黒　：　1枚10円 カラー：A3　1枚70円 A3以外　1枚40円 ※両面コピーは倍額になります。 ※献立表（30円）、行事予定表（10 円）、園バス時刻予定表・停車位置表（各50円）の追加分コピーにつきましては規程の料金をいただきます。
FAX料金	発信：国内1枚20円　国外実費自己負担 着信：1枚10円
ワープロ入力	はがき　500円 B5 ・A4　1,000円 B4 ・A3　2,000円 名札ラベル作成　10円
その他	美容室(テナント)、売店(テナント)にはその都度費用が必要です。
改定ルール（勘案する要素及び改定手続等）	園が定める月払いの利用料及び都度払い費用の金額は人件費及び設備の維持・運営経費等を勘案の上、運営連絡会及び入居者連絡会で意見を聴いて改定します。

介護保険に係る利用料（非課税）（適用を受ける場合は1割が自己負担）

	月　額	自己負担額
要支援	72,685円/月	7,269円/月
要介護1	167,664円/月	16,767円/月
要介護2	188,126円/月	18,813円/月
要介護3	208,588円/月	20,859円/月
要介護4	229,050円/月	22,905円/月
要介護5	249,817円/月	24,982円/月

・1ヵ月30日で計算しています。
・地域加算（乙地）として1単位10.18円で計算しています。
・自己負担額には、機能訓練加算を含めていません。別途お支払いいただきます。(要介護5の場合、月額3,816円、自己負担額381円が上乗せとなります。

一時金の返還金の保全措置	・銀行保証　有 ・ (無) 有の場合の内容　（　　　　） ・その他の保全措置　有 ・ (無) 有の場合の内容　（　　　　）

サービスの提供に伴う事故等が発生した場合の損害賠償保険等への加入	(有)　・　無 有の場合の保険名 （施設賠償保険 東京海上日動　　　　　　）
消費税	この重要事項説明書に記載している価格は、消費税額等を含めて記載しております。価格の記載がない費用及び使用料等についても、一部を除き消費税額等を併せてお支払いいただきます。
消費税の対象外とする利用料等	入居一時金 介護保険に係る利用料

4　サービスの内容

月払いの利用料（介護費用、光熱水費、家賃相当額を除く）に含まれるサービスの内容・頻度等	管理費	①自立者への生活支援サービス ②健康管理 ③食事の提供 ④生活相談、助言 ⑤生活サービス ⑥レクリエーションサービス等 ⑦その他の支援サービス
	食費	1日3食の提供。 必要に応じて治療食、介護食等の提供（医師の指示による）
	その他	—
介護保険給付及び介護費用により園が提供する介護サービスの内容・頻度等	①別添の「介護サービス一覧表」をご覧ください。 ②介護保険法による要支援、要介護の認定を受けた方には介護保険に基づく介護サービスを提供します。介護保険には1割の自己負担があります。また、おむつ・消耗品等の実費は自己負担となります。 ③要介護者等の個別的な選択により提供される個別的な介護サービスは8ページ「介護費用」をご覧ください。	
上記以外の別途費用負担の必要なサービスとその利用料	サービス内容によっては、外部業者等の紹介斡旋をします。 （紹介料等はいただきません）	
一部または全部の業務を委託する場合は委託先及び委託内容	メンタルケア協会… 入居者のメンタルケア ㈱明清社、聖隷サービス㈲… 日々及び定期の大規模な清掃業務。 ㈱明清社… 夜間帯（17:00～翌8:30）の警備及び巡回。 ㈱三浦観光バス… 園バス（買い物便等）の運行。	
苦情解決の体制（相談窓口、責任者、連絡先、第三者機関の連絡先等）	園は入居者からの苦情に対して苦情を受け付ける窓口を設置します。また、入居者は社団法人全国有料老人ホーム協会及び行政機関に苦情を申し立てることができます。苦情の申し立てがなされた場合、園はこれに対して適切に対応するものとし、入居者にこれを理由とした差別的な待遇を行いません。 園及び法人本部 ・園担当者　副園長　夏目芳宏　　TEL046-881-2150	

苦情解決の体制（相談窓口、責任者、連絡先、第三者機関の連絡先等）	・法人本部高齢者公益事業部　TEL053-413-3294 第三者機関、行政等 ・社団法人全国有料老人ホーム協会 苦情処理委員会　TEL03-3272-3781 ・神奈川県国民健康保険団体連合会 苦情相談窓口　TEL0570-02-2110（苦情専用） ・神奈川県保健福祉部高齢福祉課 TEL045-210-1111（代表） ・神奈川県保健福祉部福祉監査指導課 TEL045-210-1111（代表） ・三浦市保健福祉部高齢介護課高齢係 TEL046-882-1111（代表）
事故発生時の対応（医療機関等との連携、家族等への連絡方法・説明等）	緊急対応マニュアルに基づいて、応急措置、協力医療機関である油壺エデンの園附属診療所への搬送もしくは119番通報による他の医療機関への搬送を行なうとともに、施設長から家族への連絡を行ないます。また、事故についての検証、今後の防止策を講じます。
損害賠償（対応方針及び損害保険契約の概要等）	サービスの提供に当たって、万が一事故が発生し入居者の生命・身体・財産に損害が発生した場合は、不可抗力による場合を除き、速やかに入居者に対して損害の賠償を行います。ただし、入居者側に故意又は重大な過失がある場合には賠償額を減ずることがあります。
（社）全国有料老人ホーム協会及び同協会の入居者基金制度への加入状況	社団法人全国有料老人ホーム協会の入居者基金に加入していただきます。入居者基金は、事業者と入居者との契約に基づき事業者が入居者1人あたり20万円（入居契約時80歳以上の入居者は13万円）を拠出することにより、事業主体が以下の事由により入居者の全てが退去せざるを得なくなり、かつ入居者から入居契約が解除された場合に、入居者1人あたり500万円が支払われる制度です。基金拠出金（掛金）の別途徴収は行いません。 ①事業者に破産・民事再生手続きの開始・特別清算の開始・会社整理の開始・会社更生手続きの開始の申し立てがあった場合、支払停止の状態になった場合、または手形交換所の取引停止処分をうけたとき。 ②事業者の全てのサービス機能が停止し、生活の継続が著しく困難と認められる状態に陥ったとき。 ③事業者のサービス機能が生活の継続が困難な程に低下し、社団法人全国有料老人ホーム協会の経営指導にも拘わらず回復の見込みがないとき。ただし、社団法人全国有料老人ホーム協会が承認したときに限るものとする。

5　介護を行う場所

要介護時（認知症を含む）に介護を行う場所	一般居室、介護居室、一時介護室（静養室）のいずれか。 ※園が契約に基づいて提供する介護サービスを、介護老人保健施設、病院、診療所または特別養護老人ホーム等に委ねることはありません。
一時介護室（静養室）を利用する場合（判断基準・手続き・追加費用の要否・居室利用権の取扱い等）	①判断基準 1）病状の回復により病院から退院した後、一般居室または介護居室での生活に復帰するにはある程度の期間を要する場合。 2）加齢にともなう身体または精神の機能低下により一時的に身体的介護を必要とする場合。 3）2 人入居であって、1 人が日常的に介護が必要になった場合。

<table>
<tr>
<td colspan="2">一時介護室(静養室)を利用する場合(判断基準・手続き・追加費用の要否・居室利用権の取扱い等)</td>
<td>②手続き
利用は、原則として本人または身元引受人等の申請によります。園の指定する医師の意見を聴き、本人の意思を確認し、身元引受人等の意見を聴きます。
③追加費用の要否
一時介護室（静養室）は共用施設ですので、利用料は必要ありません。
一時介護室（静養室）利用中も管理費及び水光熱費等の基本料金はお支払いいただくことになります。
④居室利用権の取扱い
一時介護室（静養室）は共用施設ですから住み替えの必要はなく、居室の権利は継続します。
※サービスについては別添の「介護サービス一覧表」及び「生活支援（介護）サービス一覧表」をご覧ください。</td>
</tr>
<tr>
<td rowspan="2">入居後に居室または施設を住み替える場合</td>
<td>一般居室から介護居室へ住み替える場合(判断基準・手続き・居室利用権の取扱い・居室面積・追加費用の要否等)</td>
<td>①判断基準
1）加齢にともなう身体または精神の機能低下により、日常的に身体的介護を必要とする場合。
2）認知症になり介護を日常的に必要とするようになった場合。
②手続き
住み替えに際しては、以下の手続きをとります。
1）園の指定する医師の意見を聴く。
2）緊急やむを得ない場合を除いて、一定の観察期間を設ける。
3）変更先の場所の概要、介護の内容、費用負担等について本人及び身元引受人等に説明を行う。
4）本人及び身元引受人等の同意を得る。
③居室利用権の取扱い
専用居室の利用権は介護居室へ移転します。
④居室面積
住み替える前の居室と比較して介護居室は専有面積が減少します。（一部居室を除く）
⑤追加費用の要否
住み替え先の介護居室との比較で、入居一時金の精算返還がある場合があります。ただし、入居契約後満10年経過後の場合の返還はありません。
また、住み替えにあたっての追加金徴収はありません。
※介護居室への住み替え後、心身状況に応じて別の介護居室へ変更していただく場合があります。（適用についてはケア会議で検討し、ご本人及び身元引受人等の同意を得ます）
※介護居室が満室の場合は、住み替えができるまでの期間、原則として一時介護室（静養室）等にて介護居室と同等のサービスを提供いたします。</td>
</tr>
<tr>
<td>提携ホームへ住み替える場合(判断基準・手続、追加費用の要否、居室利用権の取扱い等)</td>
<td>－</td>
</tr>
</table>

その他	問題行動が著しいため、介護に相当の困難を伴い、かつ他の入居者の生活に重大な影響を与えると医師及びケア会議が判断し、専門的な治療・療養が必要となった場合には、身元引受人等の意見を聴いた上で専門的施設において治療・療養を行っていただきます。 （※専門的施設において治療・療養されている間も居室は確保されています。その際、管理費、水光熱費の基本料金等はお支払いいただくことになります。）

6　医療への協力

（1）協力医療機関の概要及び協力内容

協力医療機関（または嘱託医）の概要及び協力内容	名称	油壺エデンの園附属診療所 （同一法人経営・同一建物内） ※入居者だけでなく地域住民も利用します。 　入居者が優先的に治療などを受けられるものではありません。
	診療科目	外来：内科、呼吸器科、リハビリテーション科、精神科、整形外科 入院：19 床 　（医療療養病床 6 床・介護療養病床13 床）
	所在地	三浦市三崎町諸磯1500
	距離及び所要時間	同一建物内
	協力内容	内科にて簡易健康診断／月1 回、定期健康診断／年2 回、健康相談／随時、健康指導／随時、他の医療機関への紹介を行なっています。なお、医療機関への入院は傷病の治療や検査を目的としたものに限られます。
入居者が医療を要する場合の対応（入居者の意思確認、医師の判断、医療機関の選定、費用負担、長期に入院する場合の対応等）	・診療所で行うことができない専門的な治療が必要な場合は、診療所と連携し、適切な医療が受けられるよう、他の医療機関等への連絡・紹介を行ないます。 医療機関等に入院した場合、入院中も居室は確保されます。その際、管理費及び水光熱費等の基本料はお支払いただきますのでご了承ください。 ・協力医療機関への入退院の移送・同行に係る費用の別途徴収はありません。 ・入院中に係る費用は入居者の負担となります。	
費　用	傷病により治療及び入院が必要な場合は医療保険が適用されます。その場合の一部自己負担金及び保険適用外のものについては入居者の負担となります。	

（2）医療・機能訓練・健康管理サービスの概要

内　容	回　数	サービス提供主体	費　用　負　担
●健康管理			
簡易健康診断	1 回／月	（協力医療機関）	管理費に含まれます
定期健康診断	2 回／年	（協力医療機関）	管理費に含まれます
健康相談	随時	園の看護師等	管理費に含まれます
栄養指導	随時	園の栄養士等	管理費に含まれます
●医療			
居室への往診	必要に応じ	（協力医療機関）	医療保険の一部自己負担金及び保険適用外分は自己負担です

●機能訓練 自立者 要介護者等	} 必要に応じ	園の看護師等 園の看護師等	管理費に含まれます 介護保険給付及び特別介護金に含まれます

7　入居状況等

（平成18年1月1日現在）

入居者数及び定員	473人（定員550人）	
	性別	男　性　128 人、女性345人
入居者内訳	介護の要否別	自　立　407人 要支援　1 人 要介護　65人（内訳）要介護 1　15人 要介護 2　12人 要介護 3　12人 要介護 4　14人 要介護 5　12人
平均年齢	79.5歳（男性79.0歳、女性79.7歳）	
運営懇談会の開催状況（開催回数、設置者の役職員を除く参加者数、主な議題等）	①運営連絡会は月1 回定例開催（平成16年度12回開催） 運営連絡会の入居者委員は定員16名 ②入居者連絡会は月1 回定例開催（平成16年度12回開催） 対象は入居者全員（平均約120名／1 回の参加） ③主な議題（運営についての意見、要望の聴取、管理費等の収支報告、各種サービスの実施状況報告、等） ④運営連絡会は各委員、入居者連絡会は全室に議事報告文を配布	

8　職員体制

（平成18年1月1日現在）

		職員数 （ ）内は、非常勤職員数で内数	常勤換算後の人数	うち自立対応	夜間勤務職員数 （17:00～翌8:30）	職員数 （ ）内は、非常勤職員数で内数
従業者の内訳	管理者	1（－）			－	
	生活相談員	1（－）			－	
	直接処遇職員	61（20）	51.5	7.9	－	
	介護職員	58（20）	49.0	7.4	4	社会福祉士1 名 介護福祉士18 名
	看護職員	3（－）	2.5	0.5	－	看護師3名(－)
	機能訓練指導員	1（－）			－	
	理学療法士	－			－	
	作業療法士	－			－	
	その他	1（－）			－	言語聴覚士1名(－)
	計画作成担当者	1（－）			－	介護支援専門員1名(－)
	医師	－			－	
	栄養士	5（－）			－	管理栄養士2名(－)
	調理員	25（16）			－	
	事務職員	8（－）			－	
	その他職員	9（1）			1	夜間警備員（委託）
合　計		112（37）			5	

○要介護者・要支援者に対する直接処遇職員体制

	前々年度の平均値	前年度の平均値	今年度の平均値（4 月～12 月）
要支援者の人数	2.8	1.2	0.8
要介護者の人数	59.3	63.1	62.8
指定基準上の直接処遇職員の人数	20	21	22
配置している直接処遇職員の人数（常勤換算・自立者対応の人数及び個別的な選択による個別的な介護サービスに係る職員の人数を除く）	31.8	36.9	43.6
要支援者・要介護者の合計人数に対する配置直接処遇職員の人数の割合	1.9：1	1.8：1	1.5：1
常勤換算方法の考え方	常勤職員の勤務時間週37.5 時間として換算		
従業者の勤務体制の概要	介護職員　早番　７：００～１５：３０ 日勤　８：３０～１７：００ 遅番　１１：００～１９：３０ 夜勤　１６：３０～翌９：００		
	看護職員　日勤　８：３０～１７：００ 夜勤　１６：３０～翌９：００		
夜間における最少介護等職員	夜勤の介護・看護職員数3 人 （介護職員3 人、看護職員0 人） ただし0時～1時及び2時～4時については休憩により介護職員が2名となります。		

○介護職員の保健福祉に係る資格取得状況

社会福祉士	1人	ホームヘルパー1級	2人
介護福祉士	17人	ホームヘルパー2級	35人（9人）
介護支援専門員	0人（1 人）	ホームヘルパー3級	2人
		無資格者	13人

重複して資格を持っている者がいます。その場合は、社会福祉士、介護福祉士、介護支援専門員の順に優先して記入しています。（　）は、他の資格を持っている者で、当該資格を持つ者の数を外数で表しています。

9　入居・退居等

入居者の条件(年齢、心身の状況(自立・要支援・要介護)等)	①1 人入居の場合は、入居契約時の年齢が満60 歳以上の方。 ②2 人入居の場合は以下のような条件となります。 1）ご夫婦で入居される場合は、どちらかの入居契約時の年齢が満60歳以上で、もう一方が満50 歳以上の方。

入居者の条件(年齢、心身の状況(自立・要支援・要介護)等)	2）ご夫婦でない場合は、続柄が3親等以内の血族または1親等の姻族で、2人とも入居契約時の年齢が満60歳以上の方。（3人以上の入居契約は認められません） ③原則として、ご自分で身のまわりの事（食事、排泄、入浴、清掃、洗濯、買物等）ができる方。（入居時自立） ④身元引受人をたてられる方。 ※身元引受人をたてられない場合は任意後見制度の利用による入居についてご相談ください。
身元引き受け人等の条件及び義務等	①身元引受人は契約上の債務の連帯保証人であるとともに、ご入居者が要介護状態になりご自分で判断することが不可能になった場合、ご本人に代わって判断をいただきます。 ②入居契約が解除された場合の引受人となります。
契約当事者の追加	1入居契約につき1回限り契約当事者の追加を行なうことができます。 追加契約の条件は以下の通りです。 ①前記入居契約者の条件を満たすこと。 ②追加入居契約時において、追加入居契約者の年齢が入居契約時の入居制限年齢に、当初契約者の入居契約後経過した年数を加えた年齢以上であること。 ③追加入居契約は、当初契約者の入居契約後10年以内に限ります。
施設または入居者が入居契約を解除する場合の事由及び手続等	（事業者からの契約解除） 1　事業者は、入居者が次の各号のいずれかに該当し、かつ、そのことが契約をこれ以上将来にわたって維持することが社会通念上著しく困難と認められる場合に、契約を解除することがあります。 一　入居申込書に虚偽の事項を記載する等の不正手段により入居したとき 二　管理費その他の費用の支払を正当な理由なく、しばしば遅滞するとき 三　入居契約書第20条（禁止または制限される行為）の規定に違反したとき※下記「参考」を参照 四　入居者の行動が、他の入居者の生命及び財産に危害を及ぼす恐れがあり、かつ入居者に対する通常の介護方法ではこれを防止することができないとき 2　前項の規定に基づき契約を解除する場合、事業者は次の各号の手続きによって行ないます。 一　契約解除の通告について90日の予告期間をおく 二　前号の通告に先立ち、入居者及び身元引受人等に弁明の機会を設ける 三　解除通告に伴う予告期間中に、入居者の移転先の有無について確認し、移転先がない場合には入居者や身元引受人等、その他関係者・関係機関と協議し、移転先の確保について協力する 3　1の四号によって契約を解除する場合には、事業者は前項に加えて次の各号の手続きを行ないます。 一　医師の意見を聴く 二　一定の観察期間をおく
	参考：入居契約書第20条（禁止または制限される行為）入居者は、目的施設の利用にあたり、目的施設またはその敷地内において、次の各号に掲げる行為を行うことはできません。 一　鉄砲刀剣類、爆発物、有毒物等の危険な物品等を搬入・使用・保管する

	二　大型の金庫その他の重量の大きな物品等を搬入し、または備え付ける 三　排水管その他を腐食させるおそれのある液体等を流す 四　テレビ・ステレオ等の操作、楽器の演奏その他により、大音量等で近隣に著しい迷惑をあたえる 五　猛獣・毒蛇等の明らかに近隣に迷惑をかける動植物を飼育する 六　観賞用の小鳥、魚等であって明らかに近隣に迷惑をかける恐れのない動植物以外の犬、猫等の動物を飼育する 2　入居者は、目的施設の利用にあたり、事業者の承諾を得ることなく、次の各号に掲げる行為を行うことはできません。また、事業者は、他の入居者からの苦情その他の場合に、その承諾を取り消すことがあります。 一　居室及びあらかじめ管理規程に定められた場所以外の共用部分または敷地内に物品を置く 二　目的施設内において、営利その他の目的による勧誘・販売・宣伝・広告等の活動を行なう 三　目的施設の増築・改築・移転・改造・模様替え、居室の造作の改造等を伴う模様替え及び敷地内において工作物を設置する 四　管理規程その他の文書において、事業者がその承諾を必要と定めるその他の行為 （入居者からの契約解除） 1　入居者者は、事業者に対して、少なくとも30日前に解約の申し入れを行なうことにより、契約を解約することができます。 解約の申し入れは事業者の定める解約届を事業者に届け出るものとします。 2　入居者が事前の解約届を提出しないで居室を退去した場合には、事業者が入居者の退去の事実を知った日の翌日から起算して30日目をもって、契約は解約されたものと推定します。 （入居一時金の返還について） 5～6ページ「3　利用料　解約時の返還金」のとおり計算し、契約終了日の翌日から起算して3ヶ月以内に返還します。
前年度1年間の施設からの契約解除件数	0件
90日以内の契約終了	退去時返還金算出基準日から90日以内に解約した場合、または90日以内に死亡により契約が終了した場合には、以下の計算式により返還金を算出します。（千円未満切上） $返還金＝入居一時金 \times \left(\frac{3650日－居室明け渡し日までの日数}{3650日}\right)$ ◎特別介護金についても、同様の計算方式にて算出いたします。 ※入居者が2名の場合でそのうち1名が90日以内に死亡または退去した場合は、先に2人目入園金（入居一時金・特別介護金）を精算します。 ※特別介護金については、返還金額に応じた消費税額等も併せて返還します。（消費税計算は円未満切捨）

10　特定施設入所者生活介護の利用について

特定施設入所者生活介護の利用契約締結について

入居者が介護保険法令等に定める「特定施設入所者生活介護」サービスを受けるにいたった場合には、入居契約とは別に定める特定施設入所者生活介護利用契約を締結していただきます。

事業者からの契約の解除

以下の場合、事業者は特定施設入所者生活介護の利用契約を解除できるものとします。
①入居者の行動が他の入居者の生命及び財産に危害を及ぼす恐れがあり、かつ通常の介護方法ではこれを防止することができず、利用契約を将来にわたって継続することが社会通念上著しく困難であると考えられる場合。
②利用契約に基づくサービス利用料金の支払いにつき、入居者がしばしば遅滞し、その支払いがない場合など、利用契約における事業者と入居者の信頼関係を著しく害するものであると判断した場合。

11　体験入居について

体験入居の期間及び費用負担等	①入居のお申し込みの前に、体験入居をお勧めしています。 原則、平日の宿泊で、期間は1泊2日となっています。 ②費用は、宿泊：1泊1名4,200 円 食事：朝431円・昼651円・夕914円 （料金はすべて税込価格）

添付書類：「介護サービス一覧表」、「生活支援（介護）サービス一覧表」（略）

あとがき

２０００年に施行された介護保険制度の見直しが、５年後に行われ、今年、２００６年の４月から新制度が発足しました。本書で扱った老人ホームや高齢者住宅には、どんな影響があるでしょうか。

まだ始まったばかりなので、具体的なことは見当がつきませんが、現在の国や自治体の財政状況からして、なるべくお金を使わない倹約路線をすすめることは間違いないでしょう。在宅介護も施設介護も、受給者の負担が増えています。本書でご紹介した軽費老人ホームA型、ケアハウス、有料老人ホーム、高齢者住宅など、在宅扱いの介護を行なう施設にも、何らかの影響が出るに違いありません。

介護保険3施設といわれる特別養護老人ホーム、老人保健施設、老人病院（いずれも通称）も、新設は難しいでしょうし、老人病院は近く廃止になって介護施設の一種になるそうです。特定施設の介護付有料老人ホーム介護専用型が、受け皿としてますます期待される存在になることでしょう。

これまでいわゆる特定施設は、自前の職員を配置して介護に当たることになっていました。ところが今回の改正で、特定施設の枠が拡大され、地域密着型といわれる小規模なものや、外部のサービスを利用するもの、介護予防のみを行なうものなど、6種類に分類されることになりました。これがプラスに働くのかそうではないのか、今の時点では図りかねるところです。新制度の発足に当たっては、「ケア付き居住施設の充実」もうたわれていますから、一人暮らしや老老介護が増えつつある事態は、行政側にも認識されているようですが。

ともあれ75歳以上の後期高齢者が、安心して安全に暮らせる住まいはぜひ増えてほしいものです。ケアハウスも当初の計画10万人分にはまだまだ達していないし、軽費老人ホームは建てられておらず、公営住宅は介護の備えがないというわけで、課題はたくさんあります。民間の有料老人ホームも、高級なものばかりでなく一般向きのものが望まれますので、今回の改正がその道を開いてくれるかどうか、期待したいところです。

私事ですが私は最近ケアハウスに入居を決め、引っ越しをいたしました。私は七十六歳、夫は七十五歳、子ども二人は別居し古い家に住んでいましたが、お互い体力が落ちてきて家事や庭の管理が辛くなってきたのです。私はまだ仕事を持っているのでなおさら家事が負担でした。三年ほど前にひどい腰痛を起こして大騒動したことがあり、夫に、

「何かあったら、このままではどうにもならないわよ」

と言い言いして、とうとう彼も「ホーム入り」を承知しました。

私が仕事で、二十年来老人ホームや高齢者住宅を見歩いてきているので、お手のもので探しましたが、条件にぴったり合うところは一つしかありませんでした。その条件は、
①夫が花や野菜の栽培マニアなので、広い畑が借りられること。
②私が仕事で通勤できること。
③ネコがいるので連れて入れるところ。
④食事がおいしいこと。
じっさいやってみると、四条件全部を満たすところはほとんどありません。偶然見つけた埼玉県のケアハウスに飛び込んだわけです。ホーム選びも運がある、とつくづく感じますが、入居者に聞いてみると、本当に偶然ここに行き当たった、という人ばかり。探しに探した上で、という人もいないし、調べた上でという人もいないのです。

夫は五十坪くらいもの畑を借り、はりきって野菜や花を作り、施設にハーブやきゅうりなどを提供しつつあり

ます。
入ってみれば私には天国みたいなところで、あげ膳すえ膳、広いお風呂が沸いており、仕事をしても自宅にいたときのように疲れなくなりました。主婦には定年がない、などと言うが、ホームの暮らしは主婦の定年で自由のはじまりなのです。

それにつけても、老人ホームなどのケア付き住宅への偏見、誤解の解消が望まれます。そんなところへ入ったら、自由も希望も失われると思っている人がどんなに多いことでしょう。本書は自由も希望もたっぷりある老後の住まいの実態を、ご紹介するために書かれたものです。当の高齢者にも子ども世代の家族にも、ぜひ読んでいただきたいと願っております。

ルポの取材にこころよく応じてくださった施設、体験記の掲載をお許しくださった筆者の方々には、厚くお礼を申し上げます。また施設側からの広告料その他、謝礼に当たるものは一切いただいておりませんので、文責はすべて私どもにあることを申し添えておきます。
本書の企画を激励され、編集に当たられた冬芽工房の星野智恵子様、出版をお引き受けくださったコモンズ社長の大江正章様、おかげさまでようやく作り上げることができました。末尾ながらありがたくお礼を申し述べます。

2006年7月12日

編著者　和田好子

●編者紹介

グループわいふ

1976年、隔月刊の投稿誌『わいふ』を発刊するため設立された。その後編集プロダクションとして単行本の企画、著作を手がけるようになる。また機関紙、広報誌の制作、自費出版の制作も引き受けている。

最近の主な刊行物に『倒産する老人ホームしない老人ホーム』（ミネルヴァ書房）、『自分を表現できる文章の書き方』（毎日新聞社）、『ちゃんと「がまん」のできる子に』（PHP研究所）、『年金で豊かに暮らせる日本の町ガイド』（学陽書房）、『年金で暮らせて安くはいれる高齢者住宅』（ミネルヴァ書房）などがある。

〒162-0062　東京都新宿区市谷加賀町2-5-26
Tel 03-3260-4771　Fax 03-3260-4773　e-mail nm01-wif@t3.rim.or.jp

---

■執筆メンバー（五十音順）

井口　和　　ルポ
佐藤ゆかり　ルポ
鈴木由美子　ルポ
高橋篤子　　ルポ
中満千恵　　第2章
原田静枝　　ルポ
水落時子　　第7章
和田好子　　序章　各章解説　第7章　あとがき

あなたの年金にあわせた
高齢者住宅の選び方・探し方

2006年8月5日　初版発行
編者　グループわいふ
発行者　大江正章
発行所　コモンズ
東京都新宿区下落合1-5-10-1002　〒161-0033
Tel 03-5386-6972　Fax 03-5386-6945
郵便振替00110-5-400120
info@commonsonline.co.jp
http://www.commonsonline.co.jp

編集／制作　冬芽工房　星野智恵子
装丁／DTP　佐藤博
イラストレーション　いわしまちあき
印刷/製本　モリモト印刷

ISBN4-86187-022-4 C0036